COOKING GOOD
CHRISTMAS
IN
NEW YORK

Peter Bührer

Christmas Cooking in New York

Kochen und Backen
mit JAMES RIZZI,
Susannah MacDonald
und Linnea Pergola

Mary Hahn Verlag

Bildnachweis:
James Rizzi: Umschlag; Seiten: 2, 3, 6, 7, 8 oben, 9 oben, 10 oben, 12 oben, 13 oben, 23, 24 oben, 25 oben, 26, 28, 30, 31, 32, 33, 34, 36, 37 oben, 38, 39 oben, 40, 41 oben, 42 oben, 44 oben, 45 oben, 46 oben, 47 oben, 49, 50, 51, 52, 53, 54, 55 oben, 56, 57, 58, 60 oben, 61 oben, 62, 64, 65 oben, 66, 68 oben, 69, 70, 71 oben und 72.
Susannah MacDonald: Seiten: 14, 16 unten, 17 unten, 19, 27, 29,44 unten, 45 unten, 48, 55 unten, 63, 67, 68 unten und 71 unten.
Linnea Pergola: Seiten: 8 unten, 10 unten, 11, 12 unten, 13 unten, 15, 16 oben, 17 oben, 18, 20, 21, 22, 24 unten, 25 unten, 35, 37 unten, 39 unten, 41 unten, 42 unten, 43, 46 unten, 47 unten, 60 unten, 61 unten und 65 unten.

Wenn nicht anders angegeben, sind alle Rezepte für 4 Personen berechnet.

1. Auflage November 1997
2. Auflage Dezember 1997
3. Auflage Oktober 1998

Lektorat: Isabelle Fuchs
Layout: Wolfgang Heinzel
Unter künstlerischer Beratung von John Szoke, New York
Gestaltung des Schutzumschlags: James Rizzi
Reproduktionen: Fuchs Repro, Laufen

Manufactured in China
ISBN: 3-87287-442-X

INHALT

"CHRISTMAS DAY IN N.Y.C. J.RIZZI 1997

Tree Trimming Party

»Meine Freundin möchte, daß unser Baum strahlt ›wie ein Baptisten-Fenster‹. Daher machen wir, was wir immer gemacht haben: wir sitzen mit Schere und Bleistift und Stapeln von Buntpapier tagelang am Küchentisch. Ich mache Skizzen, und meine Freundin schneidet sie aus: eine Menge Katzen, auch Fische (weil sie leicht zu zeichnen sind), ein paar Äpfel, ein paar Wassermelonen, ein paar Engel mit Flügeln, die wir aus aufgespartem Silberpapier von Hershey-Riegeln zurechtbasteln.«

TRUMAN CAPOTE, »EINE WEIHNACHTSERINNERUNG«

Gewürzte Hawaiinüsse

Spiced Macadamia Nuts

200 ml Wasser · 500 g Hawaiinüsse (Macadamianüsse)
120 g Zucker · 1 Vanilleschote · 2 TL Zimtpulver
1/4 TL Muskatnuß · 1/8 TL Nelkenpulver· 200 ml Öl · Salz

200 ml Wasser in einem Topf aufkochen und die Macadamianüsse auf einem Schaumlöffel für 15 Sekunden in das kochende Wasser tauchen. Aus dem Wasser heben und mit einem Küchenpapier abtrocknen.

Den Zucker zusammen mit 200 ml Wasser in eine Pfanne geben und um zwei Drittel einkochen lassen. Die Vanilleschote längs aufschneiden, das Mark herauskratzen und zusammen mit Zimtpulver, Muskatnuß und Nelkenpulver in den Zuckersirup geben. Das Ganze gut verrühren.

Die Nüsse in den gewürzten Sirup tauchen, gut umrühren. Mit einem Schaumlöffel herausnehmen und auf Küchenpapier gut abtropfen lassen.

Das Öl in einer Pfanne erhitzen und die Nüsse darin portionsweise etwa 10 bis 15 Sekunden ausbacken. Dann aus dem Öl heben und auf Küchenpapier etwas abtropfen lassen. Anschließend auf eine Platte geben. Mit Salz würzen.

Geschmorter Schinken mit Whisky & Senf

Braised Ham with Whisky & Mustard

Für 8 Portionen

Für den Schinken:

1 Beinschinken (ca. 3 kg) · 400 ml Weißwein
3 Gewürznelken · 8 schwarze Pfefferkörner, zerstoßen
300 ml Whisky

Für die Sauce:

4 rote Zwiebeln, fein gehackt · 3 Wacholderbeeren, grob zerstoßen · 5 grüne Pfefferkörner, grob zerstoßen
80 g Butter · 300 ml trockener Weißwein · 100 ml Weißweinessig · 300 ml Fleischbrühe · 3 EL Honig · 3 TL Senf
120 g Crème fraîche · Salz und Pfeffer aus der Mühle
Whisky nach Belieben

Den Beinschinken in eine große Pfanne geben, mit Wasser bedecken und das Ganze aufkochen. Das Wasser abschütten, den Weißwein, die Nelken und die Pfefferkörner dazugeben. Wasser angießen, bis der Schinken bedeckt ist. Alles aufkochen lassen, dann zugedeckt etwa 6 Stunden köcheln lassen. Den Schinken im Sud erkalten lassen. Diesen Vorgang am besten bereits am Vortag vornehmen.

Den Ofen auf 180 °C vorheizen. Den Schinken in eine hochrandige Sauciere oder einen Bräter legen, mit dem Whisky übergießen und im Ofen 45 bis 60 Minuten backen. Dabei immer wieder mit dem Whisky übergießen.

Für die Sauce die Zwiebeln, Wacholderbeeren und Pfefferkörner in der Butter andünsten. Mit dem Weißwein und dem Weißweinessig ablöschen und das Ganze auf die Hälfte einkochen lassen. Die Brühe dazugießen. Den Honig, den Senf und die Crème fraîche einrühren und alles zu einer leichten Sauce einkochen.

Die Sauce mit Salz und Pfeffer aus der Mühle würzen. Nach Belieben einige Tropfen beziehungsweise Eßlöffel Whisky darünterrühren. Den Schinken in Scheiben schneiden und zusammen mit der Sauce servieren.

Lachstatar mit Reibeküchlein

Smoked Salmon Tatar

Für die Dillsauce:

150 g Crème double · 1 EL Dill, fein gehackt
Saft von 1 Zitrone · Salz

Für das Lachstatar:

400 g Räucherlachs, ohne Haut und Gräten · 1/2 TL Dill, fein gehackt · 1 Schalotte, fein gehackt · etwas Zitronensaft · Salz · 1 Kopf krauser Blattsalat

Für die Reibeküchlein:

3 große Kartoffeln, geschält · 3 EL Butter · Salz

Ausserdem:

nach Belieben 120 g schwarzer Kaviar · 4 EL saure Sahne
4 Zweige Dill

Für die Dillsauce Crème double, Dill und Zitronensaft in einer Schüssel vermengen. Die Sauce mit Salz würzen und kühl stellen.

Für das Tatar den Räucherlachs fein hacken und in eine kleine Schüssel geben. Den Dill und die Schalotte untermischen. Das Ganze mit ein paar Tropfen Zitronensaft und eventuell etwas Salz würzen.
Den Salat putzen und in einzelne Blätter zupfen.

Die Kartoffeln fein reiben, in ein Küchentuch geben und auspressen. Eine kalte Teflonpfanne mit etwas Butter bepinseln und darauf flache Kartoffelplätzchen formen. Die Pfanne erhitzen und die Reibeküchlein ausbacken. Zuletzt mit etwas Salz würzen.

Den Salat auf 4 Teller verteilen. Die Reibeküchlein jeweils in die Mitte legen, Lachstatar und Dillsauce dazu arrangieren. Nach Belieben etwas Kaviar beigeben. Jede Portion mit saurer Sahne und 1 Dillzweig garnieren.

Kräuterhuhn mit Mangosauce

Herb Chicken with Mango

50 ml Olivenöl · 4 EL Zitronensaft · 3 Knoblauchzehen, gepreßt · 2 EL Basilikum · 1 EL Salbei · 2 EL glatte Petersilie, fein gehackt · 4 Hühnerbrüste ohne Haut (à ca. 250 g) · 4 EL Olivenöl zum Braten

Für die Sauce:

4 EL Zucker · 4 EL Butter · Fruchtfleisch von 2 reifen Mangos, gehackt · 200 ml Riesling · 200 ml Geflügelbrühe oder -fond · 120 g Sahne · 1 TL Chilischote, fein gehackt · Salz und Pfeffer aus der Mühle

Olivenöl, Zitronensaft, Knoblauch und Kräuter gut verrühren. Die Hühnerbrüste in eine Schüssel legen, rundum mit der Marinade bestreichen, mit der restlichen Marinade begießen und 3 bis 4 Stunden darin ziehen lassen.

Für die Sauce den Zucker in einer Pfanne unter Rühren hellbraun karamelisieren lassen. Die Butter und das Mangofruchtfleisch dazugeben, gut umrühren. Mit Riesling und Geflügelbrühe oder -fond ablöschen. Die Sauce bei milder Hitze etwa 10 Minuten köcheln lassen. Sahne und Chili beigeben und weitere 10 Minuten köcheln lassen. Mit Salz und Pfeffer aus der Mühle würzen.

Die Hühnerbrüste aus der Marinade nehmen. Mit Salz und Pfeffer aus der Mühle würzen. Das Olivenöl in einer beschichteten Pfanne erhitzen und die Hühnerbrüste darin auf beiden Seiten scharf anbraten. Die Pfanne vom Herd ziehen und das Fleisch zugedeckt bei milder Hitze saftig garen. Zusammen mit der Mangosauce servieren.

TANDOORI-HÄHNCHEN-SPIESSE

Tandoori Chicken

3 Hühnerbrüste (ca. 750 g) · 150 g Naturjoghurt
2 EL Tandoori-Gewürzpaste · 1 TL Curry
50 g Butter zum Braten

FÜR DAS CHUTNEY:

200 g rote Zwiebeln · 1/2 TL Salz · 3 kleine Chilischoten
1 Limone · 1 reife Mango (ca. 450 g)
2 EL Korianderblätter, gehackt

Die Hühnerbrüste enthäuten, längs halbieren, das Fleisch von den Knochen lösen und in etwa 4 cm große Würfel schneiden. Das Joghurt mit der Gewürzpaste und Curry in einer Schüssel verrühren. Das Fleisch mit der Joghurtmischung bestreichen und zugedeckt an einem kühlen Ort 4 bis 5 Stunden ziehen lassen. Dann die Fleischwürfel auf kleine Spieße stecken.

Für das Chutney die Zwiebeln schälen und in sehr dünne Scheiben schneiden. Die Scheiben mit Salz bestreuen und beiseite stellen. Die Chilischoten längs halbieren, entkernen und fein hacken. Von der Limone die Schale fein abreiben, die Frucht auspressen. Limonensaft und -schale sowie Chiliwürfel unter die Zwiebeln mengen. Die Mango schälen, das Fruchtfleisch vom Kern schneiden und würfeln. Koriander und Mangostückchen unter die Zwiebelmischung heben. Das Chutney gut verrühren.

Den Ofen auf 250 °C vorheizen. Die Butter in einen flachen Bräter geben und im Ofen auf der obersten Schiene erhitzen. Die Hähnchenspieße hineinlegen, 4 Minuten garen, wenden und weitere 4 Minuten braten. Die Spieße zusammen mit dem Chutney servieren.

TIP: *Tandoori-Gewürzpaste erhalten Sie in Asienläden.*

KRABBENFRIKADELLEN MIT KORIANDER

Crabmeat Cakes

500 g Krabbenfleisch (Dose) · 60 g Semmelbrösel
2 EL Crème fraîche oder Mayonnaise · 4 EL Maiskörner
(Dose) · 2 Eigelb · 2 TL Korianderblätter, fein gehackt
1 TL abgeriebene Schale einer unbehandelten Orange
2 EL frischgepreßter Orangensaft · Salz und weißer Pfeffer
aus der Mühle · Olivenöl zum Braten
Semmelbrösel zum Wenden

Das Krabbenfleisch fein hacken und mit Bröseln, Crème fraîche oder Mayonnaise, Mais, Eigelben, Koriander, Orangenschale und -saft vermengen. Mit Salz und Pfeffer kräftig würzen. Aus der Masse 25 kleine Frikadellen formen. Im Kühlschrank für 1 Stunde kalt stellen.

Olivenöl in einer großen Pfanne erhitzen. Die Frikadellen in Semmelbröseln wenden. Im Öl portionsweise von jeder Seite bei milder Hitze etwa 4 Minuten braten.

RADIO CITY
MUSIC HALL
RADIO CITY
Music Hall
CHRISTMAS SPECTACULAR • ROCKETTES •
Linnea Pergola

Rindfleischfrikadellen

Beefburger

1 rote Zwiebel, fein gehackt · 1 Knoblauchzehe, gepreßt
2 EL Butter · 2 Salbeiblätter, fein gehackt
1 Bund glatte Petersilie, fein gehackt
2 TL grüne eingelegte Pfefferkörner, gehackt
3 Scheiben Toastbrot · 600 g Rinderhackfleisch
3 Eier · 2 EL gekörnter Senf (Moutarde de Meaux, ersatzweise mittelscharfer Senf) · Salz und schwarzer Pfeffer aus der Mühle · Olivenöl zum Braten

Die Zwiebel und den Knoblauch in der Butter andünsten. Die gehackten Kräuter und die Pfefferkörner dazugeben und 2 bis 3 Minuten mitdünsten. Die Mischung in eine große Schüssel geben und erkalten lassen.

Die Toastbrotscheiben in kaltem Wasser einweichen, gut ausdrücken und zusammen mit Rinderhack und Eiern in die Schüssel mit der Zwiebelmischung geben. Alles gut verkneten. Mit Senf, Salz und Pfeffer aus der Mühle würzen. Aus der Hackmasse etwa 30 kleine Frikadellen formen.

Olivenöl in einer großen Pfanne erhitzen. Die Frikadellen portionsweise hineinlegen und bei milder Hitze von beiden Seiten jeweils etwa 5 Minuten braten.

Kalbfleischfrikadellen mit Gorgonzola

Vealburger with Gorgonzola

1 Zwiebel, fein gehackt · 1 Knoblauchzehe, gepreßt
3 EL Olivenöl · 1 EL glatte Petersilie, gehackt
3 Scheiben Toastbrot · 600 g Kalbfleisch, durch die feine Scheibe des Fleischwolfs gedreht · 3 Eier
1 EL Naturjoghurt · Salz und Pfeffer aus der Mühle
150 g Gorgonzola · Olivenöl zum Braten

Die Zwiebel und den Knoblauch im Olivenöl andünsten. Die Petersilie dazugeben, 2 bis 3 Minuten mitdünsten. Die Mischung in eine Schüssel geben und erkalten lassen.

Die Toastbrotscheiben in kaltem Wasser einweichen, anschließend gut ausdrücken und zusammen mit Kalbfleisch, Eiern und Joghurt in die Schüssel mit der Zwiebelmischung geben. Alles gut verkneten und mit Salz und Pfeffer aus der Mühle würzen. Den Gorgonzola fein würfeln und vorsichtig unter die Masse mengen. Aus der Hackmasse mit nassen Händen etwa 30 kleine Frikadellen formen.

Olivenöl in einer großen Pfanne erhitzen. Die Frikadellen portionsweise hineinlegen und bei milder Hitze von beiden Seiten jeweils etwa 6 Minuten braten. Kalt oder warm servieren, zum Beispiel mit einem Salat.

Schweinefilet mit Johannisbeeren

Pork Filet with Cassis

Für die Füllung:

1 Apfel · 2 Schalotten, fein gehackt · 1 Knoblauchzehe, gepreßt · 4 EL Butter· 1 TL Rosmarin, gehackt
100 g getrocknete Feigen, gehackt

Für das Fleisch:

1 Schweinefilet (ca. 800 g) · Salz und schwarzer Pfeffer aus der Mühle · 3 EL Olivenöl

Für die Sauce:

1 Zwiebel, fein gehackt · 1 Rosmarinzweig · 2 EL Butter
250 g schwarze Johannisbeeren · 100 ml Weißwein
400 ml Fleischbrühe · Salz und Pfeffer aus der Mühle

Für die Glasur:

5 EL Honig · 3 TL Senfpulver · Saft von 1 Zitrone
1 TL abgeriebene Schale einer unbehandelten Zitrone

Den Ofen auf 80 °C vorheizen. Für die Füllung den Apfel schälen, vierteln, entkernen und fein reiben. Die Schalotten und den Knoblauch in der Butter andünsten, den Rosmarin beigeben. Den Apfel zusammen mit den Feigen zu den Schalotten geben, das Ganze gut vermengen. Das Schweinefilet seitlich einschneiden, aufklappen und die Füllung darin verteilen. Zusammenklappen und das Filet mit Küchengarn zusammenbinden. Mit Salz und schwarzem Pfeffer aus der Mühle würzen. Das Schweinefilet im Olivenöl von allen Seiten scharf anbraten, aus der Pfanne nehmen und in einen Bräter legen. Im Ofen 15 bis 20 Minuten garen.

Für die Sauce die Zwiebeln und den Rosmarinzweig in der Butter andünsten. Die Johannisbeeren beigeben und mit dem Weißwein ablöschen, einkochen lassen und die Brühe angießen. Bei milder Hitze 15 Minuten köcheln lassen.

Die Zutaten für die Glasur gut verrühren und das Schweinefilet rundherum damit bestreichen. Das Filet aus dem Ofen nehmen. Den Ofen auf 250 °C Oberhitze einstellen und das Filet 8 bis 10 Minuten überbacken, dabei immer wieder mit der Glasur bestreichen. Das Filet in Medaillons schneiden und zusammen mit der Sauce servieren.

Christmas Morning Breakfast

»Eins ums andere tauchen die Familienmitglieder auf und sehen aus, als ob sie uns am liebsten umbringen würden; aber es ist Weihnachten, daher können sie's nicht. Zuerst gibt's ein großartiges Frühstück, es ist einfach alles da, was man sich nur vorstellen kann: von Pfannkuchen und Hörnchenbraten bis zu Maisgrütze und Wabenhonig.«

TRUMAN CAPOTE, »EINE WEIHNACHTSERINNERUNG«

Blaubeerkuchen

Blueberrycake

Für den Blaubeerkuchen:

Butter und Mehl für die Form · 500 g Mehl
$1\frac{1}{2}$ TL Backpulver · $\frac{1}{2}$ TL Salz · 100 g weiche Butter
350 g Zucker · 3 Eier · ausgekratztes Mark von
$1\frac{1}{2}$ Vanilleschoten · 1 TL abgeriebene Zitronenschale
60 g saure Sahne · 180 ml Milch
300 g frische Blaubeeren (Heidelbeeren)

Für die Glasur:

3 EL Butter · 1TL Wasser · 3 EL Puderzucker

Eine Springform (26 cm Ø) mit Butter ausstreichen und mit Mehl ausstäuben. Den Ofen auf 180 °C vorheizen. Das Mehl in eine Schüssel sieben. Backpulver und Salz daruntermengen. In einer zweiten Schüssel die Butter schaumig rühren, dabei den Zucker unterarbeiten. Nach und nach die Eier unterrühren. Das Vanilleschotenmark, die Zitronenschale und die saure Sahne zufügen.

Die Mehlmischung eßlöffelweise unter die Eiermasse rühren. Die Milch hinzufügen und das Ganze zu einem glatten Teig verarbeiten. Den Boden der Springform 1 cm hoch mit Teig bedecken. Mit Blaubeeren bestreuen, mit einer weiteren 1 cm dicken Lage Teig bedecken. Diesen Vorgang so lange wiederholen, bis die Blaubeeren und der Teig aufgebraucht sind.

Den Kuchen im Ofen 55 bis 60 Minuten backen. Herausnehmen, leicht abkühlen lassen und dann auf ein Kuchengitter stürzen. Für die Glasur die Butter schmelzen und mit Wasser und Puderzucker verrühren. Den Kuchen rundherum dünn mit der Glasur bestreichen.

Zucchinikuchen mit Zimt

Zucchinibread with Cinnamon

Butter und Mehl für die Form · 2 Eier · 3 TL Honig
1 TL Zimtpulver · 100 ml Sonnenblumenöl
50 g Walnüsse, mittelfein gehackt · $\frac{1}{4}$ TL Salz
80 g brauner Zucker · ausgekratztes Mark von
1 Vanilleschote · 250 g kleine Zucchini
120 g Mehl · $1\frac{1}{2}$ TL Backpulver · 50 g Rosinen

Eine Kastenform mit etwa 20 cm Länge mit Butter ausstreichen und mit Mehl ausstäuben. Den Ofen auf 180 °C vorheizen. Die Eier in einer Schüssel verquirlen. Honig, Zimt, Sonnenblumenöl, Nüsse, Salz, Zucker und Vanilleschotenmark beigeben. Das Ganze mit einem Schneebesen kräftig verrühren.

Die Zucchini schälen, auf einer feinen Raffel fein reiben, in ein Küchentuch legen und auspressen. Die trockenen Zucchini zur Eiermasse geben und damit vermengen. Mehl und Backpulver vermischen und nach und nach unter die Zucchinimasse arbeiten, so daß ein dickflüssiger Teig entsteht. Zuletzt die Rosinen unterheben.

Die Zucchinimasse in die Form füllen, glattstreichen und im Ofen 40 bis 45 Minuten backen. Herausnehmen, etwas erkalten lassen und anschließend aus der Form lösen.
Dazu frisches Apfelmus oder eine Apfelbutter reichen.

KISS ME

Polentaschnitten mit Rosinen

Polenta Cakes with Raisins

Für das Kompott:

300 g Zwetschgen · 150 g Zucker · 100 ml Wasser
1 Zimtstange

Für die Polentaschnitten:

300 ml Milch · 4 EL Butter · 100 g grob gemahlener
Bramata-Mais · 1/2 TL Salz · 50 g Honig · 60 g Rosinen
Butter für das Blech · 3 EL Butter zum Ausbacken
3 EL Zucker und 1 TL Zimtpulver zum Bestreuen

Für das Zwetschgenkompott die Zwetschgen halbieren, entsteinen, vierteln und zusammen mit dem Zucker, dem Wasser und der Zimtstange in einer Pfanne 5 Minuten köcheln und dann erkalten lassen. Die Zimtstange entfernen.

Für die Polenta Milch und Butter in einem Topf aufkochen. Den Mais und das Salz beigeben und die Masse bei milder Hitze etwa 20 Minuten köcheln. Dabei häufig umrühren, damit der Brei nicht anbrennt. Zuletzt den Honig und die Rosinen beigeben und alles gut vermengen.

Die Polenta etwa 1 cm dick auf einem bebutterten Backblech gleichmäßig ausstreichen. Erkalten lassen und dann in quadratische Schnitten schneiden. Diese in der Butter goldgelb backen, auf Küchenpapier etwas abtropfen lassen und anrichten. Mit Zimtzucker bestreuen und das Zwetschgenkompott dazu servieren.

Bananenpfannkuchen

Banana Pancakes

Für die Pfannkuchen:

280 g Mehl · 3 TL Backpulver · 1 TL Salz · 2 Eier
50 g flüssige Butter · 50 g Zucker · 300 ml Buttermilch
600 ml Milch · 2 reife Bananen, geschält und püriert
50 g Butter zum Ausbacken

Für das Bananenragout:

100 ml Milch · 150 ml Sahne · 4 EL Zucker · 2 Eigelb
3 reife Bananen · 4 TL Schokoladenraspel
2 Tropfen Sesamöl · 2 TL Sesamsamen
4 Pfefferminzblätter zum Garnieren

Für die Pfannkuchen Mehl, Backpulver und Salz vermengen. In einer anderen Schüssel die Eier verquirlen, flüssige Butter, Zucker, Buttermilch, Milch und die pürierten Bananen beigeben und alles gut vermischen. Die Mehlmischung zu der flüssigen Masse geben und gut durchrühren. In einer kleinen Teflonpfanne in wenig Butter pro Pfannkuchen etwa 5 Eßlöffel Teig hineingeben und auf beiden Seiten goldgelb ausbacken. Die Pfannkuchen im Ofen bei 50 °C warm halten.

Für das Bananenragout Milch und Sahne in einer Pfanne erhitzen. In einer Schüssel Zucker und Eigelbe schaumig rühren. Die heiße Milch-Sahne-Mischung unter starkem Rühren zur Eigelbmasse geben. Zurück in die Pfanne gießen und vorsichtig bis knapp vor den Siedepunkt bringen. Vom Herd nehmen und erkalten lassen.

1 Banane schälen, kleinschneiden und im Mixer pürieren. Die restlichen Bananen in Würfel schneiden. Bananenwürfel und -püree unter die Eicreme mischen, 2 Teelöffel Schokoladenraspel, Sesamöl und Sesamsamen dazugeben.

Die warmen Pfannkuchen auf Tellern anrichten. Bananenragout dazu servieren und mit den restlichen Schokoladenspänen und den Pfefferminzblättern garnieren.

Kürbis-Aprikosen-Konfitüre

Pumpkin Jam with Apricots

1 kg Kürbisfruchtfleisch (ohne Kerne und Schale)
150 ml Wasser · 300 g getrocknete Aprikosen
800 g Gelierzucker · 1 Vanilleschote

Das Kürbisfruchtfleisch in kleine Würfelchen schneiden und zusammen mit dem Wasser aufkochen. Bei milder Hitze zu einem dicken Püree einkochen lassen.

Die Aprikosen in Würfelchen schneiden und zusammen mit dem Gelierzucker unter das Kürbispüree rühren. Die Vanillesschote längs halbieren, das Mark herauskratzen und die Konfitüre damit aromatisieren.

Alles noch 5 Minuten kochen, dann heiß in Gläser füllen. Diese verschließen und auskühlen lassen.

Orangen-Preiselbeer-Kompott

Cranberry-Orange Compote

8 reife Orangen · 100 ml Wasser · 100 g Zucker
1 Vanilleschote · 300 g frische Preiselbeeren

Die Orangen heiß abwaschen, trockenreiben und schälen. Dabei etwa 1 Eßlöffel Schale fein abreiben. Die Fruchtfilets mit einem kleinen scharfen Messer auslösen und dabei den austretenden Saft in einer kleinen Schüssel auffangen.

Wasser und Zucker aufkochen, 2 Minuten köcheln und erkalten lassen. Die Vanilleschote längs aufschneiden, das Mark herauskratzen und zusammen mit der Orangenschale und den Preiselbeeren in den Zuckersirup geben.

Das Ganze aufkochen und 2 Minuten köcheln lassen, bis die Preiselbeeren aufspringen. Die Orangenfilets beigeben, das Kompott gut durchrühren und dann erkalten lassen. Nach Belieben zusammen mit Datteln, frischen Feigen oder gerösteten Nüssen servieren.

MERRY CHRISTMAS
The Plaza
TAXI
Linnea Pergola

Christmas Teatime at the Plaza

»Überall begann sich Weihnachtsstimmung auszubreiten. Die Banken gaben keine Kredite, die Pfandleiher hatten ihre Angestelltenzahl verdoppelt, auf den Straßen zerstießen sich die Leute gegenseitig mit roten Schlitten die Schienbeine, auf den Schanktischen brodelten die heißen Getränke, während man, in die Menge eingekeilt auf einem Fuß stehend wartete, in den Schaufenstern hingen die Stechpalmenkränze der Gastfreundschaft, und die Leute holten ihre Pelze hervor, wenn sie welche besaßen.«

O. Henry, »Die Weihnachtsansprache«

Überbackenes Truthahnsandwich

Grilled Turkey Sandwich

Für die Sandwiches:

12 dünne Scheiben Weißbrot · 60 g Butter
300 g Eisbergsalat · 80 g Mayonnaise · Salz und Pfeffer aus der Mühle · 200 g Truthahnschinken, dünn aufgeschnitten · 2 Tomaten, in Scheiben geschnitten
2 hartgekochte Eier, in Scheiben geschnitten
4 EL Olivenöl

Für den Salat:

1/2 Kopf Friséesalat · 8 Kirschtomaten, halbiert
3 EL Balsamico · 6 EL Sonnenblumenöl · Salz
3 EL Kerbelblättchen

8 Brotscheiben mit Butter bestreichen. Die Salatblätter in feine Streifen schneiden und in einer Schüssel mit der Mayonnaise vermengen. Mit Salz und Pfeffer aus der Mühle würzen.

4 der Brotscheiben dünn mit dem angemachten Salat belegen und den Truthahnschinken darauf verteilen. Je eine Tomaten- und Eischeibe darauflegen. Je eine zweite gebutterte Brotscheibe daraufsetzen und wiederum mit Salat, Truthahn, Tomate und Ei belegen. Mit einer ungebutterten Brotscheibe bedecken, leicht andrücken, und mit Zahnstochern zusammenstecken. Die Brote mit Olivenöl bestreichen und im Grill kurz überbacken.

Den Friséesalat in mundgerechte Stücke zupfen und zusammen mit den Kirschtomatenhälften auf Tellern verteilen. Essig, Öl und Salz verrühren und über den Salat träufeln. Die gegrillten Sandwiches halbieren und darauf anrichten. Mit Kerbelblättchen garnieren.

Bruschetta mit Avocado

Bruschetta with Avocado

3 EL weiche Butter · 10 schwarze Oliven, entsteint
4 Scheiben Bruschetta-Brot (ital. Weißbrot)
1 reife Avocado · 3 EL Kresseblättchen · 4 Artischockenherzen (Glas) · 2 EL Olivenöl · Salz und Pfeffer aus der Mühle · 4 EL Tomatenstückchen (Dose oder frisch)

Die Butter cremig rühren. Die Oliven fein hacken und unter die Butter rühren. Die Brotscheiben toasten und jeweils mit der Olivenbutter bestreichen.

Die Avocado schälen, halbieren, den Stein entfernen und das Fruchtfleisch in Spalten schneiden. Die Avocadospalten zusammen mit der Kresse gleichmäßig auf den Brotscheiben verteilen.

Die Artischockenherzen halbieren, im Olivenöl wenden und mit Salz und Pfeffer würzen. Die Artischockenherzen und die Tomatenstückchen auf den Brotscheiben verteilen.

Tip:

Bruschettabrot erhalten Sie in italienischen Feinkostläden.

Sandwich mit Rindfleischschinken

Tea-Sandwich with Pastrami

1 EL getrocknete Tomaten, in Olivenöl eingelegt
6 Scheiben weißes Toastbrot · 60 g Mozzarella
50 g Rindfleischschinken (Pastrami), in dünnen Scheiben

Die Tomaten fein hacken, dann 3 Eßlöffel Olivenöl (aus dem Tomatenglas) hinzufügen. Das Ganze zu einer Paste verrühren.

Die Paste auf drei der Brotscheiben ausstreichen. Den Mozzarella abtropfen lassen, in dünne Scheiben schneiden und zusammen mit dem Rindfleischschinken auf den Brotscheiben verteilen.

Die unbelegten Brotscheiben darauflegen, leicht andrücken und die Ränder abschneiden. Die Sandwiches vor dem Servieren diagonal halbieren.

Tip:

Diese leichten Sandwiches schmecken auch mit Parmaschinken sehr lecker.

Zitronenkuchen mit Himbeeren

Lemontarte

Für den Teig:
80 g Butter · 120 g Zucker · abgeriebene Schale von 1 unbehandelten Zitrone · 1 Prise Salz · 1 Ei · 240 g Mehl
Butter und Mehl für die Form

Für die Füllung:
abgeriebene Schale und Saft von 3 unbehandelten Zitronen · abgeriebene Schale und Saft von 1 unbehandelten Orange · 3 Eier · 1 Eigelb · 150 g Zucker
150 g Crème double

Außerdem:
600 g Himbeeren · 50 g Zucker · 1 TL Himbeergeist
Pfefferminze und Puderzucker zum Garnieren

Die Teigzutaten rasch zu einem glatten Teig verkneten. Den Teig in Klarsichtfolie wickeln und für 2 Stunden kühl stellen.

Den Ofen auf 180 °C vorheizen. Eine Springform (26 cm Ø) mit Butter ausstreichen und mit Mehl ausstäuben. Den Teig dünn ausrollen, in die Form legen, gut andrücken und mit einer Gabel mehrmals einstechen. Den Teigboden mit Pergamentpapier bedecken, die Form mit Kirschkernen oder trockenen Hülsenfrüchten füllen und den Kuchenboden etwa 15 Minuten blind backen. Aus dem Ofen nehmen, Kirschkerne oder Hülsenfrüchte mitsamt Papier entfernen und den Boden erkalten lassen.

Für die Füllung die Schale und den Saft der Zitrusfrüchte zusammen mit Eiern, Eigelb, Zucker und Crème double in eine Schüssel geben. Das Ganze kräftig verrühren. Die Masse in die Form gießen und im Ofen 40 bis 45 Minuten backen. Dann herausnehmen und abkühlen lassen.
400 g Himbeeren zusammen mit dem Zucker fein pürieren und durch ein Sieb passieren. Den Kuchen in Portionen schneiden. Zusammen mit Himbeerpüree auf Tellern anrichten. Mit Pfefferminze und den restlichen Himbeeren garnieren. Mit Puderzucker bestäuben.

Zimt-Streusel-Kuchen

Cinnamon Streusel Cake

Für den Teig:

350 g weiche Butter · 80 g Zucker · ausgekratztes Mark von 1 Vanilleschote · 4 EL Sonnenblumenöl · 1 Ei, verquirlt · 700 g Mehl · $1^{1}/_{2}$ TL Backpulver · $^{1}/_{4}$ TL Salz 1 TL Zimtpulver · Butter und Mehl für die Form

Für die Füllung:

250 g frische Preiselbeeren · 80 g Zucker · 80 ml Orangensaft · $^{1}/_{2}$ TL Lebkuchengewürz · 10 frische Datteln, entkernt und gewürfelt

Außerdem:

Puderzucker zum Bestäuben

Für den Teig die Butter in einer Schüssel cremig rühren und den Zucker beigeben. Das Vanilleschotenmark zusammen mit dem Öl unterrühren. Zuletzt das verquirlte Ei darunterziehen.

In einer zweiten Schüssel Mehl, Backpulver, Salz sowie Zimtpulver vermengen und dann zur Buttermischung geben. Das Ganze rasch zu einem glatten Teig verkneten. Diesen in Klarsichtfolie wickeln und für $1^{1}/_{2}$ Stunden kühl stellen. Inzwischen für die Füllung die Preiselbeeren und den Zucker im Mixer fein pürieren. Zusammen mit dem Orangensaft in eine Pfanne geben. Aufkochen und 4 bis 5 Minuten köcheln lassen, vom Herd ziehen und erkalten lassen. Das Lebkuchengewürz und die in Würfel geschnittenen Datteln beigeben.

Den Ofen auf 150 °C vorheizen. Eine Springform (26 cm Ø) mit Butter ausstreichen und mit Mehl ausstäuben. Den Teig auf einer Reibe fein reiben (oder mit einer Palette ganz fein hacken) und in 2 gleich große Teile teilen. Den Boden der Springform großzügig mit einem Teigteil ausstreuen, leicht andrücken und die Preiselbeer-Dattel-Füllung darauf verteilen. Den restlichen Teig darüber streuen.

Den Streuselkuchen im Ofen etwa 1 Stunde und 15 Minuten backen. Herausnehmen, dick mit Puderzucker bestäuben und vollständig erkalten lassen.

Himbeerküchlein

Rasperry Cup Cakes

Für die Himbeerküchlein:

240 g Mehl · 2 TL Backpulver · 1 Prise Salz · 250 g Zucker 90 g Butter · 180 ml Milch · 4 Eier · ausgekratztes Mark von 1 Vanilleschote · Butter und Mehl für die Förmchen

Außerdem:

3 EL Himbeermarmelade

Für die Glasur:

3 EL Butter · 1 TL Wasser · 3 EL Puderzucker Saft von 1 Zitrone

Den Ofen auf 180 °C vorheizen. Das Mehl in eine Schüssel sieben. Backpulver, Salz und Zucker beigeben, das Ganze vermengen.

Die Butter in eine kleine Pfanne geben und schmelzen. Die Milch, die Eier und das Vanilleschotenmark hinzufügen. Mit den Quirlhaken eines Handrührgeräts zu einer cremigen Masse rühren. Zur Mehlmischung geben und das Ganze zu einem glatten, dickflüssigen Teig verarbeiten.

Etwa 12 Muffinförmchen mit Butter ausstreichen, mit Mehl ausstäuben und die Masse hineinfüllen. Die Küchlein im Ofen etwa 25 Minuten backen. Herausnehmen und auf ein Kuchengitter stürzen. Auskühlen lassen und mit Hilfe eines kleinen runden Ausstechers aus der Küchleinmitte jeweils kleine Mulden ausstechen. Diese mit der Himbeermarmelade füllen.

Für die Glasur die Butter und das Wasser in eine kleine Pfanne geben und schmelzen. Erkalten lassen, den Zucker beigeben und das Ganze glattrühren. Zuletzt den Zitronensaft hinzufügen. Die Himbeerküchlein mit der Glasur bestreichen und 1 Stunde trocknen lassen.

SKATES

KAROTTENKUCHEN

Carrot Cake

FÜR DEN KAROTTENKUCHEN:

300 g Mehl · 1/2 TL Salz · 4 TL Backpulver
2 TL Zimtpulver · 1/2 TL Lebkuchengewürz · 2 große Eier
2 Eigelb · 180 ml Sonnenblumenöl · 180 g Zucker
200 g brauner Zucker · 130 ml Buttermilch
100 g Haselnüsse, gemahlen · 400 g junge Karotten, fein gerieben · 2 Eiweiß · 100 g weiße Schokolade, grob gehackt · Butter und Mehl für die Form

FÜR DIE GLASUR:

120 g Frischkäse · 50 g Puderzucker · 2 EL Butter
1/2 TL Vanilleessenz

Den Ofen auf 180 °C vorheizen. Das Mehl in eine Schüssel sieben. Darin mit Salz, Backpulver, Zimtpulver und Lebkuchengewürz vermengen. Eier und Eigelbe in eine zweite Schüssel aufschlagen, Öl, Zucker, Buttermilch sowie Haselnüsse hinzufügen und das Ganze schaumig rühren.

Die Mehlmischung langsam unter die Eiermasse rühren. Die geriebenen Karotten in ein Küchentuch geben und etwas ausdrücken. Dann unter den Teig arbeiten. Die Eiweiße steif schlagen und unterheben. Zuletzt die Schokoladenstückchen unterziehen.

Eine Springform (26 cm Ø) mit Butter ausstreichen, mit Mehl ausstäuben und die Karottenmasse einfüllen. Glattstreichen und im Ofen 40 bis 45 Minuten backen. Herausnehmen und in der Form erkalten lassen. Den Kuchen noch lauwarm auf ein Kuchengitter setzen.

Für die Glasur den Frischkäse mit dem Zucker, der Butter und der Vanilleessenz in eine Schüssel geben, darin sehr cremig rühren. Den Karottenkuchen mit der Glasur bestreichen und mindestens 1 Stunde anziehen lassen.

MARINIERTE WEIHNACHTS-NÜSSE

Marinated Christmas Nuts

1 unbehandelte Orange · 4 EL Butter · 1 TL Currypulver
200 g Macadamianüsse · 150 g Pecannüsse · 150 g abgezogene Mandeln · 150 g Haselnüsse · 70 g Kürbiskerne
70 g Sonnenblumenkerne · 1 Prise schwarzer Pfeffer aus der Mühle · 1 TL Meersalz

Den Ofen auf 150 °C vorheizen. Die Schale der Orange fein abreiben. Die Butter in einer großen Pfanne schmelzen und das Currypulver etwa 15 bis 20 Sekunden darin schwenken.

Nüsse, Mandeln sowie Kerne hinzufügen und gut umrühren. Orangenschale und Pfeffer untermischen. Das Ganze gut vermengen und auf einem Backblech ausstreuen. Im Ofen etwa 30 Minuten rösten. Dann herausnehmen, mit Salz bestreuen und auskühlen lassen.

SCHOKOLADENSCHNITTEN

Fudge Brownies

Butter und Mehl für das Blech · 140 g Zartbitterschokolade · 180 g Butter · 4 Eier · 400 g Zucker · 1 Vanilleschote
160 g Mehl · 1/2 TL Backpulver · 1/2 TL Zimtpulver
1/2 TL Salz · 140 g geschälte Mandeln, fein gehackt
Puderzucker zum Bestäuben

Den Ofen auf 180 °C vorheizen. Ein rechteckiges, hochrandiges Backblech mit Butter bestreichen und mit Mehl bestäuben.

Die Schokolade fein hacken, in eine Schüssel geben und im heißen Wasserbad schmelzen. Die Butter dazugeben, die Masse glattrühren und erkalten lassen. Die Eier in eine Schüssel aufschlagen und darin zusammen mit dem Zucker cremig rühren. Unter die Schokoladenmasse mengen.

Die Vanilleschote längs aufschneiden, das Mark herauskratzen und zusammen mit Mehl, Backpulver, Zimtpulver, Salz sowie Mandeln zur Eiermasse geben. Das Ganze zu einem glatten Teig verrühren. Den Teig mit einem langen Messer gleichmäßig auf dem Blech verstreichen. Im Ofen 25 bis 30 Minuten backen.

Anschließend herausnehmen und erkalten lassen. Die Konsistenz darf durchaus noch etwas weich sein. Die Teigplatte in gleich große Quadrate schneiden und mit Puderzucker bestäuben.

ZITRONEN-TEEKUCHEN

Lemon Tea Cake

Butter und Mehl für die Form · 185 g Mehl · 1 TL Backpulver · 1 Prise Salz · 1 Msp. Nelkenpulver ·185 g weiche Butter · 185 g Zucker · 4 Eier, verquirlt
Saft von 1 Zitrone · 1 TL abgeriebene Schale einer unbehandelten Zitrone · 60 g Puderzucker

Den Ofen auf 180 °C vorheizen. Eine Springform (26 cm Ø) mit Butter ausstreichen und mit Mehl ausstäuben. Das Mehl in eine Schüssel sieben. Darin mit Backpulver, Salz und Nelkenpulver vermengen.

In einer zweiten Schüssel Butter und Zucker schaumig rühren. Eier, die Hälfte des Zitronensafts und die Zitronenschale verquirlen und dann unter die Buttermasse ziehen. Nach und nach die Mehlmischung unterrühren. Alles zu einem glatten Teig verarbeiten und diesen in die Form füllen. Den Teig glattstreichen und im Ofen etwa 1 Stunde backen.

Den restlichen Zitronensaft mit dem Puderzucker verrühren und den noch warmen Kuchen mit der Glasur bestreichen.

"CHRISTMAS CAROLS IN N.Y.C." J. RIZZI 97

Christmas Dinner

»Beim Anfertigen der Illustrationen dachte ich daran, wie es ist, an Weihnachten in New York herumzuschlendern und all die Festivitäten zu genießen, die die Stadt dann zu bieten hat. Ganz besonders liebe ich es, die Fifth Avenue herunterzugehen und bereits von weitem das Rockefeller Center mit all seinen Lichtern zu sehen.«

LINNEA PERGOLA

Hummersuppe mit Mais

Lobster and Corn Chowder

Für den Fond:

2 gekochte Hummer (à ca. 800 g) · 3 EL Butter · 1 Zwiebel, fein · gehackt · 1 Knoblauchzehe, gepreßt · 1 Karotte, fein · gehackt · 60 g Stangensellerie, fein gehackt · 150 ml Weißwein · 1 Lorbeerblatt · 200 g Maiskörner (Dose)

Für die Suppe:

4 reife Tomaten · 1 kg Kartoffeln · 3 EL Butter · 1 kleine Zwiebel, fein gehackt · 1 Knoblauchzehe, gepreßt
50 g Speck, fein gehackt · 250 ml Milch · 300 g Sahne
1 Zweig Thymian · 1 Zweig Dill

Die Hummer längs aufschneiden und das Hummerfleisch aus Panzer und Schalen auslösen. Die Hummerschalen mit einem großen Messer klein hacken.

Die Butter in einer großen Pfanne erhitzen und Zwiebel, Knoblauch, Karotte sowie Sellerie darin etwa 8 Minuten andünsten. Die Hummerschalen beigeben und mitdünsten. Mit dem Weißwein ablöschen, 1 Liter Wasser dazugießen und das Ganze aufkochen. Bei milder Hitze etwa 30 Minuten köcheln lassen. Durch ein feines Sieb gießen. Zusammen mit 120 g Maiskörnern im Mixer fein pürieren.

Die Tomaten heiß überbrühen, abschrecken, enthäuten, halbieren und entkernen. Die Kartoffeln schälen, waschen und würfeln. Die Butter in einer großen Pfanne erhitzen, Zwiebel und Knoblauch darin andünsten. Den Speck beigeben und hellbraun braten. Das Maispüree, die Milch, die Sahne, den restlichen Mais und die Kartoffelwürfel hinzufügen und alles aufkochen. Bei milder Hitze etwa 15 Minuten köcheln lassen, bis die Kartoffeln weich sind.

Die Tomaten und das Hummerfleisch in Würfel schneiden und zur Suppe geben, diese in tiefen Tellern anrichten und mit einem Zweig Dill garnieren.

Kastaniensuppe mit Thymian & Speck

Chestnut Soup with Thym

4 EL Butter · 1 kleine Zwiebel, fein gehackt
50 g Sellerie, gehackt · 1 kleine Karotte, gehackt
100 g Frühstücksspeck in Scheiben · 200 g geschälte Eßkastanien · 1,2 l Fleischbrühe · 100 ml Milch
3 Zweige Thymian · 100 g Sahne · Salz und Pfeffer aus der Mühle

Die Butter in einem Topf erhitzen. Die Zwiebel, den Sellerie, und die Karotte darin anbraten. Die Hälfte des Specks würfeln, hinzufügen und hellbraun braten.

Die Kastanien dazugeben, gut umrühren und mit Brühe ablöschen. Die Milch angießen, 2 Zweige Thymian hinzufügen und das Ganze bei mittlerer Hitze 45 bis 50 Minuten köcheln lassen. Dabei ab und zu umrühren.

Die Suppe in der Küchenmaschine fein pürieren, dann durch ein Sieb passieren und zusammen mit der Sahne in eine Pfanne geben. Gut verrühren, aufkochen lassen und mit Salz und Pfeffer aus der Mühle würzen.

Den restlichen Speck in Streifen schneiden und kross ausbraten. Die Kastaniensuppe in tiefen Tellern anrichten. Mit Speckstreifen und restlichem Thymian garnieren.

LACHSFILET MIT ZITRONENSAUCE

Salmon with Citrus-Vinaigrette

FÜR DIE ZITRONENSAUCE:

2 Orangen · 2 rosa Grapefruits · 1 Zitrone · 8 EL Traubenkernöl · 8 EL Olivenöl · 2 rote Zwiebeln, fein gehackt
2 TL Estragon, fein gehackt · 3 TL frischer Koriander, fein gehackt

AUSSERDEM:

1 Salatgurke · 2 Papayas · 1 EL glatte Petersilie, fein gehackt · Saft von 1 Zitrone · 8 EL Olivenöl · Salz und Pfeffer aus der Mühle · 8 Lachsfiletsteaks (à ca. 70 g, ohne Haut und Gräten)

Für die Zitronensauce die Zitrusfrüchte schälen und jeweils die Fruchtfilets auslösen. Den dabei austretenden Saft in einer Schüssel auffangen. Die Fruchtfilets in kleine Würfelchen schneiden und zusammen mit den restlichen Zutaten für die Sauce in die Schüssel geben. Mit Salz und Pfeffer aus der Mühle würzen.

Die Gurke waschen, längs halbieren, die Kerne auskratzen und das Fruchtfeisch in feine Scheibchen schneiden. In eine Schüssel geben. Die Papayas schälen, halbieren, das Kerngehäuse entfernen und das Fruchtfleisch in Scheiben schneiden, zur Gurke geben. Petersilie, Zitronensaft und Olivenöl hinzufügen. Alles gut vermengen und mit Salz und Pfeffer aus der Mühle abschmecken.

Die Lachsfilets mit Olivenöl bepinseln, mit Salz und Pfeffer würzen und auf beiden Seiten rosa grillen. Zusammen mit dem Gurken-Papaya-Salat und der Zitronensauce auf Tellern anrichten.

GLASIERTE ENTE MIT PREISELBEERSAUCE

Glazed Duck with Cranberry

1 küchenfertige Ente (ca. 2,2 kg) · Salz
800 g Hähnchenflügel· 250 g Suppengrün (Lauch, Karotten, Sellerie), in Würfeln · 100 g Zwiebeln, grob gehackt · 4 EL Butter · 4 EL Balsamico
125 ml Cassislikör · 800 ml Geflügelboullion
100 g Kartoffeln, geschält · 100 g frische Preiselbeeren
4 EL Preiselbeergelee · 2 EL weiße Pfefferkörner, zerstoßen
1 Bund Thymian

Den Ofen auf 180 °C vorheizen. Die Ente innen und außen kurz mit kaltem Wasser waschen, abtrocknen, salzen und mit Küchengarn zusammenbinden. Mit der Brust nach oben auf ein hochrandiges Backblech setzen.

Die Ente im Ofen 2 Stunden und 30 Minuten braten. Dabei regelmäßig wenden und mit dem eigenen Fett übergießen.

Für die Sauce die Hähnchenflügel zusammen mit Suppengrün und Zwiebeln in einem breiten Bräter in der Butter in etwa 10 Minuten dunkelbraun rösten. Essig, Cassislikör und Bouillon dazugießen und das Ganze um ein Drittel einkochen lassen. Die Kartoffeln fein reiben und in die Sauce rühren. Diese etwa 10 Minuten köcheln lassen, dann durch ein Sieb in eine Pfanne gießen. Die Preiselbeeren waschen und putzen, abtropfen lassen und in die Sauce legen.

10 Minuten bevor die Ente fertig gebraten ist, das Preiselbeergelee in einer Schüssel erwärmen und die Ente damit bepinseln. Zum Schluß mit zerstoßenen Pfeffer bestreuen.

Die Ente auf einer vorgewärmten Platte anrichten und mit Thymian garnieren. Die Preiselbeersauce aufkochen und separat dazu servieren.

Gefüllte Kaninchenkeulen mit Kartoffel-Trüffel-Salat

Stuffed Rabbit with Potato-Truffle-Salad

Für 6 Portionen

3 Kaninchenkeulen (à ca. 250 g) · 100 g geräucherte Entenbrust am Stück · 1/2 Bund Petersilie · 50 g Sahne
Salz und Pfeffer aus der Mühle · 3 EL Öl · 1 EL Butter
500 g kleine Kartoffeln · 2 EL eingelegte Trüffel (Glas)
2 EL Balsamico · 120 ml Traubenkernöl
300 g Lauch · 4 EL roter Portwein

Den Ofen auf 160 °C vorheizen. Bei 2 Kaninchenkeulen den Oberschenkelknochen mit einem Messer bis zum Gelenk rundherum freischneiden, den Knochen jeweils im Gelenk nach unten drücken und herausdrehen.

Die Entenbrust häuten und in 1 cm große Würfel schneiden. Das Fleisch der dritten Kaninchenkeule vom Knochen schneiden, grob würfeln und zusammen mit der Petersilie und der Sahne im Mixer fein pürieren. Das Entenbrustfleisch dazugeben, weitermixen und die Masse mit Salz und Pfeffer aus der Mühle würzen.

Die Füllung mit einem Eßlöffel in die Kaninchenkeulen füllen und jeweils glattstreichen. Das Fleisch einrollen und die Rollen mit Küchengarn zubinden. Die Keulen mit Salz und Pfeffer aus der Mühle würzen. Öl und Butter in einem Bräter erhitzen, die Keulen darin goldbraun anbraten. Im Backofen auf mittlerer Einschubleiste in etwa 20 Minuten fertig garen.

Inzwischen die Kartoffeln in Salzwasser bißfest garen, schälen und in dünne Scheiben schneiden. Die Trüffel in dünne Scheiben schneiden und gleichmäßig unter die Kartoffeln mischen.

2 Eßlöffel Trüffelwasser, 4 Eßlöffel Wasser, Essig und Traubenkernöl verrühren, mit Salz und Pfeffer würzen. Die Sauce über die noch warmen Kartoffeln gießen und diese durchziehen lassen. Mit Salz und Pfeffer würzen.

Den Lauch putzen, waschen und in dünne Scheiben schneiden. In wenig Salzwasser 1 Minute garen, kalt abschrecken, abtropfen lassen und vorsichtig unter den Salat mengen.

Den Salat auf Tellern anrichten, mit Portwein beträufeln. Die Kaninchenkeulen in dünnen Scheiben dazulegen.

Weihnachtsgans mit Apfelsauce

Christmas Goose with Applesauce

Für 6 Portionen

1 küchenfertige Gans (ca. 4 kg) · 600 g Äpfel · 600 g rote Zwiebeln · Salz · 4 Blätter Salbei · 2 EL Gänseschmalz
50 g Lebkuchen, gewürfelt · 3 Lorbeerblätter
8 Wacholderbeeren · weißer Pfeffer aus der Mühle
400 ml Geflügelbouillon · 4 EL Butter

Von der Gans die Keulen abtrennen und den Rücken mit einer Geflügelschere zwischen den beiden Flügeln und den Brustseiten rundum abschneiden. Den Rücken anderweitig verwenden.

Den Ofen auf 180 °C vorheizen. Die Äpfel schälen, vierteln, entkernen und in grobe Stücke schneiden. Die Zwiebeln schälen und in grobe Stücke schneiden.

Die Gänseteile von allen Seiten salzen. Das Bruststück mit dem Salbei füllen. Das Schmalz erhitzen. Apfel-, Zwiebel- und Lebkuchenwürfel darin anbraten. Lorbeer, Wacholder und Pfeffer dazugeben, mit 1/2 Teelöffel Salzwasser aufgießen und aufkochen lassen.

In eine Saftpfanne umfüllen. Die Brust und die Keulen mit der Hautseite nach oben daraufsetzen. Im Ofen auf mittlerer Einschubleiste etwa 1 Stunde und 30 Minuten braten. Dabei nach und nach die Bouillon angießen und die Gans immer wieder mit diesem Fond übergiessen.

Anschließend die Temperatur auf 190 °C erhöhen und die Gans in 45 Minuten fertiggaren. Die Pfanne aus dem Backofen nehmen, Brust und Keulen auf ein Backblech umsetzen und bei 120 °C im Ofen warm halten. Den Fond in eine Pfanne gießen, aufkochen lassen, mit dem Mixer fein pürieren. Durch ein feines Sieb passieren, die Butter darunterrühren und mit Salz und weißem Pfeffer aus der Mühle würzen. Zusammen mit Gänsekeulen und -brust servieren.

Rehrückenmedaillons mit Maronenkruste

Deer Medaillons with Chestnutcrust

Für 6 Portionen

80 g glasierte Maronen · 80 g weiche Butter · 1 Ei
3 EL Semmelbrösel · 2 EL Petersilie, fein gehackt
Salz und Pfeffer aus der Mühle · 500 g Rehknochen, fein gehackt · 250 g Suppengrün (Karotten, Sellerie, Lauch), grob gehackt · 100 g rote Zwiebeln, grob gewürfelt
3 EL Cognac · 800 ml Wildfond (Glas) · 80 g Kartoffeln, geschält · 1 Msp. Zimt, frisch gemahlen
900 g Rehrückenmedaillons

Die Maronen in kleine Würfel schneiden. 3 Eßlöffel Butter schaumig schlagen, das Ei verrühren und nach und nach zur Butter geben. Semmelbrösel, Maronen und Petersilie daruntermischen. Die Bröselbutter mit Salz und Pfeffer aus der Mühle würzen und 1 Stunde ruhen lassen.

Die Rehknochen zusammen mit Suppengrün und Zwiebeln in 3 Eßlöffeln heißer Butter 10 Minuten kräftig braun rösten. Mit dem Cognac ablöschen und den Wildfond dazugiessen. Auf die Hälfte einkochen lassen. Die Kartoffel fein reiben und in die Sauce geben. Aufkochen und 10 Minuten leise kochen lassen. Durch ein feines Sieb streichen, mit Zimt, Salz und Pfeffer würzen.

Die Rehmedaillons mit Salz und Pfeffer aus der Mühle würzen. Dann bei starker Hitze in 2 Eßlöffeln heißer Butter auf jeder Seite 2 Minuten anbraten. Die Medaillons auf ein Backblech setzen und etwas abkühlen lassen, die Bröselbutter gleichmäßig darauf verteilen.

Die Medaillons unter dem Grill oder bei starker Oberhitze im Backofen goldbraun überbacken. Die Medaillons auf Tellern anrichten, mit der Cognac-Zimt-Sauce umgießen und nach Belieben mit glasierten, karamelisierten Apfelspalten garnieren.

ORIENTALISCHES RINDERFILET

Oriental Roastbeef

FÜR DAS RINDERFILET:

3 Knoblauchzehen · 1 Rinderfilet (ca. 1 kg)
120 ml Sojasauce · 1 EL Olivenöl · 200 ml trockener
Sherry · 1 EL Ingwer, frisch gehackt · 250 g rote Zwiebeln
Salz und Pfeffer aus der Mühle · 120 ml Fleischbrühe

AUSSERDEM:

2 Schalotten, gehackt · 2 EL Butter · 1 Prise Ingwerpulver
1 Prise Currypulver · 1/2 TL Senfkörner
800 g Blattspinat, · geputzt und gewaschen

2 Knoblauchzehen schälen und in feine Scheiben schneiden. In das Rinderfilet mit Hilfe eines kleinen, spitzen Messers kleine Einschnitte einschneiden und die Knoblauchscheiben hineinstecken.

Die Sojasauce, das Olivenöl, den Sherry sowie den Ingwer in eine flache Schüssel geben und darin gut vermengen. Das Rinderfilet hineinlegen und mit der Flüssigkeit übergießen. Etwa 4 Stunden bei Zimmertemperatur marinieren lassen.

Den Ofen auf 180 °C vorheizen. Die Zwiebeln schälen, in Scheiben schneiden und auf einem hochrandigen Backblech verteilen. Das Rinderfilet aus der Marinade nehmen, mit Salz, schwarzem Pfeffer aus der Mühle würzen und auf die Zwiebeln legen. Etwa 120 ml der Marinade in das Backblech giessen und die Brühe dazugeben. Das Fleisch im Backofen 30 bis 40 Minuten garen.

Für das Spinatgemüse die restliche Knoblauchzehe schälen und durchpressen. Zusammen mit den Schalotten in der Butter weichdünsten. Ingwer, Curry und Senfkörner beigeben. Den Spinat hinzufügen, gut schwenken und 2 bis 3 Minuten garen. Mit Salz, Pfeffer aus der Mühle würzen. Das Spinatgemüse auf eine Platte geben. Das Rinderfilet in dünne Scheiben schneiden und auf dem Spinat anrichten. Die Sauce mitsamt den Zwiebeln separat dazu reichen.

Geschmorte Gans mit Johannisbeeren

Braised Goose with Currants

1 küchenfertige Gans (ca. 4 kg) · 2 EL Sonnenblumenöl
Salz und Pfeffer aus der Mühle · 2 TL frischer Majoran, fein gehackt · 3 EL Gänseschmalz oder Butter
300 g Staudensellerie, gewürfelt · 1 Knoblauchzehe, gepreßt · 400 g rote Zwiebeln, gewürfelt · 400 ml roter Johannisbeersaft · 200 g rote Johnnisbeeren, entstielt
300 ml Geflügelbouillon · 3 Gewürznelken · 1 Zimtstange
3 Äpfel · 4 EL Butter · 3 EL Honig · 1 TL Speisestärke

Die Gänsekeulen auslösen. Die Brust auf der Karkasse belassen, mitsamt dem Knochen ablösen. Keulen und Brust mit Öl bepinseln. Mit Salz, Pfeffer aus der Mühle und Majoran würzen.

Den Ofen auf 200 °C vorheizen. Das Gänseschmalz in einem großen Bräter erhitzen. Die Gänseteile darin rundherum anbraten. Staudensellerie, Knoblauch und rote Zwiebeln kurz mitbraten. Den Johannisbeersaft, Johannisbeeren und Bouillon hinzufügen. Nelken und Zimtstange in den Bräter geben.

Die Gans zugedeckt im Backofen 50 bis 60 Minuten schmoren. Dabei mehrmals mit dem Schmorfond begießen. Die Äpfel schälen, entkernen und in große Stücke schneiden. Nach etwa 30 Minuten Bratzeit in den Bräter geben.

In einer Schüssel die Butter und den Honig erwärmen. Die Gänseteile aus dem Bräter nehmen und warm stellen. Den Bratenfond in eine Pfanne passieren. Die Gänseteile auf der Hautseite mit der Honigbutter bestreichen und unter dem Grill in 2 bis 3 Minuten knusprig braun überbacken.

Den Fond auf die Hälfte einkochen. Die Speisestärke mit etwas Wasser glattrühren und in die kochende Sauce rühren. Mit Salz und Pfeffer würzen. Alles zusammen servieren. Als Beilage eignet sich Kürbispüree (Rezept s. S. 44).

Lammrücken mit Nusskruste

Roast Rack of Lamb with Walnutcrust

Für die Sauce:

1 Zwiebel, fein gehackt · 1 Knoblauchzehe, gepreßt
2 TL Olivenöl · 1 Birne, geschält, entkernt und in Würfeln · 3 Wacholderbeeren · 4 EL Whisky
2 EL Ahornsirup · 200 ml Geflügelbouillon
1/2 TL Zimtpulver · Salz und Pfeffer aus der Mühle

Für die Nusskruste:

1 Schalotte, fein gehackt · 1 Knoblauchzehe, gepreßt
3 EL Olivenöl · 1 TL Thymian, fein gehackt
1/2 TL Rosmarin, fein gehackt · 80 g Walnüsse, fein gehackt · 5 EL Semmelbrösel · 2 EL weiche Butter
1 EL Ahornsirup · Salz und Pfeffer aus der Mühle

Für den Lammrücken:

1 Lammrücken (ca. 900 g) · Salz und Pfeffer aus der Mühle
2 EL Olivenöl

Für die Sauce die Zwiebel und den Knoblauch im Olivenöl andünsten. Die Birne und die Wacholderbeeren beigeben und kurz mitdünsten. Mit Whisky, Ahornsirup und Geflügelbouillon ablöschen. Zimtpulver hinzufügen, das Ganze nochmals aufkochen und 10 bis 12 Minuten köcheln lassen. Die Wacholderbeeren entfernen und die Sauce im Mixer fein pürieren. Mit Salz und schwarzem Pfeffer aus der Mühle würzen. Warm stellen.

Den Ofen auf 200 °C vorheizen. Für die Nußkruste die Schalotte und den Knoblauch im Olivenöl weich dünsten. Thymian und Rosmarin beigeben und mitdünsten.

Aus der Pfanne nehmen und in eine Schüssel geben. Die Walnüsse in einer trockenen Pfanne leicht rösten und zusammen mit den Semmelbröseln zur Kräuter-Schalotten-Mischung geben. Die Butter und den Ahornsirup hinzufügen, das Ganze gut vermengen und mit Salz und Pfeffer aus der Mühle würzen.

Den Lammrücken mit Salz und Pfeffer würzen. Im Olivenöl auf allen Seiten scharf anbraten.

Aus der Pfanne nehmen und auf ein Backblech legen. Den Lammrücken mit der Krustenmasse bestreichen und im Ofen 3 bis 4 Minuten braten. Die Ofentemperatur auf 80 C reduzieren und das Fleisch nochmals 15 Minuten garen. Aus dem Ofen nehmen, aufschneiden und auf Tellern anrichten. Mit der Sauce umgießen und nach Belieben Kartoffelgratin dazu servieren.

Gefüllte Truthahnbrust

Stuffed Turkey Breast

Für 6 Portionen

Für die Füllung:

220 g getrocknete Aprikosen, gehackt · 60 g Rosinen
200 ml Portwein · 4 EL Butter · 4 Zwiebeln, fein gehackt
60 g Sellerie, fein gehackt · 140 g Langkornreis
800 ml Geflügelbouillon · 1 Bund glatte Petersilie, fein gehackt · Salz und Pfeffer aus der Mühle

Für die Truthahnbrust:

1 Truthahnbrust (ca. 2,5 kg) · Salz und Pfeffer aus der Mühle · 1/2 TL Zimtpulver · 1/2 TL Lebkuchengewürz
1 TL Thymian, fein gehackt · 1/2 TL Kardamom · 3 EL Butter, geschmolzen · 4 EL Sonnenblumenöl

Für die Füllung die Aprikosen und die Rosinen je in eine Schüssel geben und jeweils mit 100 ml Portwein übergiessen. Etwa 4 Stunden im Portwein marinieren lassen.

Die Butter in einem Topf erhitzen und die Zwiebel und den Sellerie darin andünsten. Den Reis hinzufügen und unter Rühren etwa 3 Minuten glasig dünsten. Mit der Bouillon ablöschen, das Ganze aufkochen und dann bei mittlerer Hitze 18 bis 20 Minuten köcheln lassen, bis der Reis die sämtliche Flüssigkeit aufgesogen hat. Dabei ab und zu umrühren. Den Reis in eine Schüssel geben. Die eingelegten Rosinen und Aprikosen aus dem Portwein nehmen, abtropfen lassen und unter die Reismasse mengen. Die Petersilie untermischen und mit Salz und Pfeffer aus der Mühle würzen.

Die Truthahnbrust schräg längs aufschneiden. Salz, Pfeffer, Zimt, Lebenkuchengewürz, Thymian sowie Kardamom in eine Schüssel geben und darin gut vermengen. Die Truthahnbrust innen und außen mit der Gewürzmischung einreiben. Dann 3 bis 4 Stunden im Kühlschrank ziehen lassen.

Den Ofen auf 220 °C vorheizen. Die Truthahnbrust in einen Bräter legen. Die Reisfüllung in die Brustmitte legen, gut andrücken und die Brust zusammenklappen. Die Brust mit Küchengarn zusammenbinden und rundherum mit flüssiger Butter und Öl bestreichen.

Den Bräter in den Ofen schieben und die Truthahnbrust in etwa 20 Minuten goldbraun garen. Anschließend die Hitze des Ofens auf 170 °C reduzieren und das Fleisch nochmals 40 bis 45 Minuten garen.

Eventuell währenddessen mit Alufolie abdecken, damit die Brust nicht austrocknet. Während des Bratens immer wieder mit Bratensaft und der restlichen Butter-Öl-Mischung bestreichen. Dazu paßt ein Kürbispüree (Rezept s. S. 44) oder Polenta (Rezept s. S. 47).

Linnea Pergola

Kürbispüree

Pumpkin Püree

1 Kürbis (ca. 800 g) · 100 ml Gemüsebouillon
100 g Sahne · 40 ml Milch · 4 EL Butter
Salz und Pfeffer aus der Mühle
Muskatnuß, frisch gerieben

Den Kürbis schälen, halbieren, die Kerne entfernen und das Fruchtfleisch in kleine Würfelchen schneiden.

Die Kürbiswürfel in einem Topf in der Bouillon zugedeckt weich dünsten. Anschließend im Mixer fein pürieren. Das Püree zurück in den Topf geben und erneut erhitzen. Sahne, Milch und Butter mit einem Schneebesen unterrühren.

Das Kürbispüree mit Salz, Pfeffer aus der Mühle und frisch geriebener Muskatnuß würzen.

Tip:
Auf dem Markt sind gelbe und orangefarbene Kürbisse erhältlich. Das Fleisch der orangefarbenen ist saftiger als das der gelben Früchte und eignet sich daher besser für ein Püree.

Geröstetes Wintergemüse

Roasted Winter Vegetable

400 g kleine Karotten · 400 g Kartoffeln
400 g Knollensellerie · 120 ml Olivenöl · 1 TL Zucker
3 Kardamomkörner, zerstoßen · 2 Salbeiblätter, fein gehackt · 200 ml Fleischbouillon
Salz und Pfeffer aus der Mühle

Den Ofen auf 200 °C vorheizen. Karotten, Kartoffeln und Sellerie schälen und waschen. Die Karotten längs halbieren, die Kartoffeln und den Knollensellerie in Würfel schneiden.

Das Olivenöl in einem feuerfesten Schmortopf oder in einem Bräter erhitzen und das Gemüse darin scharf anbraten. Den Zucker, die Kardamomkörner und den Salbei beigeben, gut umrühren. Mit der Fleischbouillon ablöschen.

Den Schmortopf oder den Bräter auf der mittleren Einschubleiste in den Ofen schieben und das Gemüse zugedeckt 30 bis 35 Minuten schmoren. Mit Salz und Pfeffer aus der Mühle würzen. Heiß servieren.

Kartoffelpüree mit Knoblauch

Garlic Mashed Potatoes

1, 2 kg Kartoffeln · Salz · 8 Knoblauchzehen
80 g Butter · 100 ml Geflügelbouillon · 100 g Sahne
100 ml Milch · weißer Pfeffer aus der Mühle
Muskatnuß, frisch gerieben

Die Kartoffeln schälen, waschen und in Würfel schneiden. In leicht köchelndem Salzwasser weich kochen. Dann abgießen und gut abtropfen lassen.

Die Knoblauchzehen schälen, durch eine Presse drücken und zusammen mit der Butter, der Geflügelbouillon, der Sahne und der Milch in einen Topf geben. Die Mischung erhitzen und aufkochen lassen. Die Kartoffeln durch eine Kartoffelpresse oder durch ein Sieb in die Flüssigkeit drücken.

Das Ganze mit einem Holzkochlöffel gut zu einem geschmeidigen Kartoffelpüree verrühren. Mit Salz und weißem Pfeffer aus der Mühle sowie frisch geriebener Muskatnuß würzen. Sofort servieren.

Tip:

»Mashed potatoes« sind in den USA eine beliebte Beilage. Wenn Sie keinen Knoblauch mögen, können Sie das Püree auch ohne Knoblauch zubereiten. Wichtig ist, daß das Püree sofort serviert wird, sonst saugen die Kartoffeln zu viel Flüssigkeit auf, und das Ganze wird trocken.

Glasierte Karotten mit Honig

Glazed Carrots with Honey

900 g kleine Karotten · 1 kleine Zwiebel · 4 EL Butter
3 EL Honig · 2 EL Zucker · 1 EL Ingwer, fein gerieben
150 ml Geflügelbouillon · Salz und weißer Pfeffer aus der Mühle

Die Karotten schälen und waschen. Die Zwiebel ebenfalls schälen und fein hacken. Die Hälfte der Butter in einem Topf erhitzen und die Zwiebeln darin andünsten.

Die Karotten hinzufügen und gut umrühren. Honig und Zucker dazugeben, das Ganze gut vermengen, dann den Ingwer beigeben.

Das Karottengemüse mit einem Drittel der Geflügelbouillon ablöschen, aufkochen lassen und und dann zugedeckt bei mittlerer Hitze in 10 bis 12 Minuten weich garen.

Mit Salz und weißem Pfeffer aus der Mühle würzen. Zuletzt die restliche Butter unter die übrig gebliebene Bouillon rühren und als Sauce zusammen mit den Karotten servieren.

Gewürzter Reis

Spicy Rice

2 Zwiebeln · 3 rote Zwiebeln · 3 Knoblauchzehen
2 EL Olivenöl · 400 g Langkornreis · 150 ml trockener Weißwein · 750 ml Geflügelbouillon · 3 EL glatte Petersilie, fein gehackt · 2 EL Koriander, fein gehackt
1 TL Cayennepfeffer · 4 EL Butter · Salz und schwarzer Pfeffer aus der Mühle

Die Zwiebeln und den Knoblauch schälen. Die Zwiebeln fein hacken, den Knoblauch durch eine Presse drücken.

Das Olivenöl in einer Pfanne erhitzen und die weißen Zwiebeln und den Knoblauch darin scharf andünsten. Den Reis hinzufügen und unter ständigem Rühren in 3 bis 4 Minuten glasig dünsten.

Mit dem Weißwein und der Bouillon ablöschen, aufkochen und das Ganze 8 bis 10 Minuten köcheln lassen.

Dann die Hitze reduzieren und rote Zwiebeln, Petersilie, Koriander und Cayennepfeffer beigeben. Nochmals etwa 8 Minuten kochen. Zuletzt die Butter darunterrühren und mit Salz und Pfeffer aus der Mühle würzen.

Tip:
Gewürzter Reis paßt besonders gut zu gegrilltem Fleisch.

Polenta mit Mascarpone

Creamy Polenta with Mascarpone

1 l Milch · 240 g grobkörniger Maisgrieß
40 g Gorgonzola · 80 g Mascarpone · Salz und weißer
Pfeffer aus der Mühle · 80 g Walnüsse, grob gehackt

Die Milch in einem Topf aufkochen, den Mais einrühren und das Ganze bei mittlerer Hitze in etwa 15 Minuten zu einer cremigen Polenta kochen. Dabei sehr häufig umrühren, damit die Polenta nicht am Topfboden ansetzt.

Den Gorgonzola in Würfel schneiden. Mascarpone und Gorgonzola zur Polenta geben und gründlich daruntermischen.

Die Nüsse in einer beschichteten Pfanne trocken leicht rösten und unter die Polenta rühren. Mit Salz und weißem Pfeffer aus der Mühle würzen. Die Polenta heiß servieren oder je nach Geschmack auch erkalten lassen. Nach Belieben die kalte Polenta in Stücke schneiden und diese dann in Olivenöl und Butter braten.

Tip:

Speziellen Polentagrieß erhalten Sie in gut sortierten Supermärkten sowie in italienischen und orientalischen Lebensmittelgeschäften.

Grüne Bohnen mit Speck und Zwiebeln

Green Beans with Bacon & Onions

800 g grüne Bohnen · 3 rote Zwiebeln · 1 Knoblauchzehe
150 g Frühstücksspeck · Salz · 3 EL Butter
200 ml Geflügelbouillon · 1 EL Zitronensaft
1/2 TL Chilipulver · Salz und schwarzer Pfeffer
aus der Mühle

Die Bohnen waschen und putzen, dabei von den Fäden befreien. Die Zwiebeln schälen und fein hacken. Den Knoblauch schälen und durch eine Presse drücken. Den Speck in feine Streifen schneiden.

Die Bohnen in kochendem Salzwasser etwa 5 Minuten garen. Dann abgießen und gut abtropfen lassen. Die Butter in einer Pfanne erhitzen und den Speck, die Zwiebeln sowie den Knoblauch darin scharf anbraten. Die Bohnen hinzufügen, die Bouillon angießen und das Ganze gut vermengen.

Zitronensaft sowie Chilipulver einrühren und alles einmal aufkochen lassen. Dann zugedeckt bei mittlerer Hitze 12 bis 15 Minuten schmoren. Mit Salz und schwarzem Pfeffer aus der Mühle würzen.

I ♥ NY

Desserts

»Wenn eine Stadt wie New York beschließt, sich herauszuputzen und ein Festtagsgewand anzulegen, beeindruckt es gewaltig. Aber schließlich wurde auch hier in New York die elektrische Christbaumbeleuchtung erfunden, ›White Christmas‹, und – ja, natürlich – der Weihnachtsmann.«

DANIEL POOL, »CHRISTMAS IN NEW YORK«

Gefrorenes Whisky-soufflé

Frozen Whiskysoufflé

Für 6 Portionen

Für das Soufflé:

Butter und Zucker für die Förmchen · 4 Eigelb
80 g Zucker · 5 EL Whisky · 4 EL Whiskylikör (Drambui)
2 Eiweiß · 1 Prise Salz · 200 g Sahne · 50 g Rosinen

Für die Karameläpfel:

4 Äpfel · 80 g Zucker · 300 ml Wasser · 1 Zimtstange
2 EL Calvados

6 Souffléförmchen mit einem Pergamentpapierstreifen umlegen, so daß der Rand 5 cm über dem Förmchenrand steht. Die Förmchen mit Butter ausstreichen und mit Zucker ausstreuen.

Die Eigelbe und die Hälfte des Zuckers schaumig rühren, Whisky und Likör dazugeben, dann weiter cremig rühren. Die Eiweiße zusammen mit dem restlichen Zucker und dem Salz steif schlagen. Die Sahne ebenfalls steif schlagen. Sahne und Eischnee abwechselnd unter die Whiskymasse heben. Rosinen hinzufügen. Die Masse mit einem Schneebesen nochmals aufschlagen, dann auf die Förmchen verteilen. Diese mit Klarsichtfolie abdecken und das Soufflé im Tiefkühler mindestens 6 Stunden gefrieren lassen.

Die Äpfel schälen, halbieren, entkernen und in Spalten schneiden. Den Zucker hellbraun karamelisieren, die Apfelspalten beigeben und umrühren. Mit 300 ml Wasser ablöschen, die Zimtstange hinzufügen und das Ganze aufkochen. 1 Minute köcheln lassen, dann den Calvados untermischen und die Äpfel abkühlen lassen.

Die Förmchen herausnehmen und kurz in heißes Wasser tauchen. Das Pergamentpapier ablösen und die Soufflés stürzen. Zusammen mit den Karameläpfeln servieren.

Mascarponeeis mit Schokoladenmousse

Mascarpone Ice with Chocolate

Für das Eis:

100 g Zucker · 150 ml Wasser · Saft von 1/2 Zitrone
500 g Mascarpone

Für die Schokoladenmousse:

50 ml Milch · 180 g weiße Schokolade, grob gehackt
3 Eigelb · 2 EL Vanillezucker · 100 g Sahne, geschlagen
4 Eiweiß · 3 EL Zucker

Ausserdem:

620 g Blaubeeren (Heidelbeeren) · 4 EL Zucker
5 EL Wasser · 4 Pfefferminzblättchen

Für das Eis Zucker mit Wasser und Zitronensaft verrühren und zum Kochen bringen. Vom Herd nehmen und abkühlen lassen. Den Mascarpone glattrühren, dabei den Zuckersirup langsam zugießen. Die Masse in eine Eismaschine füllen und gefrieren lassen.

Für die Schokoladenmousse die Milch erhitzen und die Schokolade darin schmelzen. Die Eigelbe und den Vanillezucker cremig rühren. Die noch flüssige Schokolade einrühren und die Masse abkühlen lassen. Dann die Sahne unterheben. Die Eiweiße steif schlagen, dabei den Zucker einrieseln lassen. Den Eischnee unter die Schokoladenmasse heben. Die Mousse zugedeckt mindestens 6 Stunden kühl stellen.

Für die Sauce 500 g Blaubeeren zusammen mit Zucker und Wasser im Mixer fein pürieren. Mit einem Eßlöffel Nocken von der Schokoladenmousse und vom Mascarponeeis abstechen. Die Nocken auf Dessertteller legen und mit Blaubeersauce umgießen. Mit den restlichen Blaubeeren und mit den Pfefferminzblättchen garnieren.

Mohnpudding

Poppyseed Pudding

FÜR DEN PUDDING:

Butter und Zucker für die Förmchen · 110 g Toastbrot, ohne Rinde · 100 ml Rotwein · 60 g weiße Schokolade 140 g weiche Butter · 1 EL Rum · 4 EL Honig 120 g Mohnsamen, gemahlen · abgeriebene Schale von 1/2 unbehandelten Zitrone · ausgekratztes Mark von 1 Vanilleschote · 7 Eigelb · 7 Eiweiß · 1 Prise Salz · 80 g Zucker

AUSSERDEM:

4 Orangen · 8 Datteln · 4 EL Honig

Den Ofen auf 170 °C vorheizen. Kleine Förmchen (8 cm Ø) mit Butter ausstreichen und mit Zucker ausstreuen. Das Toastbrot in kleine Würfelchen schneiden, in eine Schüssel geben und mit dem Rotwein übergießen. Die Schokolade fein hacken und im heißen Wasserbad schmelzen.

Butter, Rum, Honig, Mohn, Zitronenschale und Vanilleschotenmark schaumig rühren. Nach und nach die Eigelbe unter die Masse rühren. Zuletzt die Schokolade und die Brotwürfelchen daruntermengen.

Die Eiweiße zusammen mit Salz und 3 Eßlöffeln Zucker steif schlagen. Nach und nach den restlichen Zucker darunterrühren. Den Eischnee unter die Mohnmasse heben und diese in die Förmchen füllen.

Den Boden eines hochrandigen Backblechs mit Backpapier belegen und zur Hälfte mit heißem Wasser auffüllen. Die Förmchen darauf setzen und den Pudding im Ofen 20 bis 25 Minuten garen. Herausnehmen, den Pudding jeweils vorsichtig aus der Form lösen und auf einen Teller stürzen.

Die Orangen schälen, die Fruchtfilets auslösen und in eine Schüssel geben. Die Datteln vierteln, entsteinen und zusammen mit dem Honig zu den Orangefilets geben. Alles gut vermengen. Die Orangen zum Pudding servieren.

Ricottamousse mit karamelisierten Feigen

Ricotta Mousse with caramelized Figs

FÜR DIE MOUSSE:

500 g Ricotta (italienischer Frischkäse) · 50 ml Milch 1 Vanilleschote · 80 g Zucker · 100 g Sahne

FÜR DIE FEIGEN:

12 Feigen · 80 g Zucker · 50 ml Orangensaft · 4 EL Rotwein

ZUM GARNIEREN:

4 Blätter Pfefferminze · 80 g Zartbitterschokolade, fein gehobelt

Für die Mousse den Ricotta und die Milch cremig rühren. Die Vanilleschote längs aufschneiden, das Mark herauskratzen und zusammen mit dem Zucker zur Ricottamasse geben. Das Ganze gut vermengen. Die Sahne steif schlagen und mit einem Schneebesen unterziehen. Die Mousse zugedeckt für 3 bis 4 Stunden im Kühlschrank ruhen lassen.

Die Haut der Feigen mit einem kleinen Messer abziehen. Den Zucker in einem Topf goldbraun karamelisieren, die Feigen dazugeben und vorsichtig umrühren. Mit dem Orangensaft und dem Wein ablöschen. Aufkochen und 2 Minuten ziehen lassen.

Mit Hilfe eines Eßlöffels Nocken aus der Moussemasse formen und auf Tellern anrichten. Die Feigen mitsamt der Karamelsauce dazu arrangieren. Jede Portion mit einem Blatt Pfefferminze und Schokoladenhobeln garnieren.

Mamas Kürbiskuchen

Mom's Pumpkin Pie

Für den Teig:

150 g Mehl · 100 g Butter · 50 g Zucker · 1 Prise Salz
1 Ei · Butter und Mehl für die Form · 100 g Preiselbeermarmelade (ersatzweise Johannisbeerenmarmelade)

Für die Füllung:

4 Eier · 380 g Sahne · 400 g Kürbisfruchtfleisch, püriert
170 g brauner Zucker · 1 EL Whisky · $1\,^1/_2$ TL Ingwerpulver · $^1/_2$ TL Zimtpulver · $^1/_2$ TL Lebkuchengewürz
1 Prise Muskatnuß, frisch gerieben · 1 Prise Nelkenpulver
1 Prise Salz · 2 Eiweiß

Aus Mehl, Butter, Salz und Ei rasch einen Mürbeteig herstellen. Diesen 2 mm dünn auswallen. Eine Springform (ca. 24 cm Ø) mit Butter ausstreichen und mit Mehl ausstäuben. Den Teig in die Form legen, gut andrücken und den Boden mehrmals mit einer Gabel einstechen. Für mindestens 1 Stunde kühl stellen.

Den Ofen auf 180 °C vorheizen. Die Form mit Pergamentpapier auslegen, mit Kirschsteinen füllen und den Boden im Ofen 12 bis 15 Minuten blind backen. Herausnehmen, erkalten lassen und Papier sowie Kirschsteine entfernen. Den Boden mit der Marmelade bestreichen.

Die Eier in eine Schüssel geben und schaumig rühren. Die Sahne unter Rühren hinzufügen. Kürbispüree, Zucker, Whisky sowie Gewürze beigeben und das Ganze gut verrühren. Die Eiweiße steif schlagen und mit einem Schneebesen vorsichtig unter die Masse heben. Die Masse in die Form füllen, glattstreichen und im Ofen bei 180 °C 40 bis 45 Minuten backen. In der Form abkühlen lassen, dann den Kuchen auf ein Kuchengitter stürzen.

Schokoladen-Rum-Kuchen mit Pekannüssen

Pecan-Chocolate-Rum Pie

Für den Boden:

150 g Mehl · 100 g Butter · 50 g Zucker · 1 Prise Salz
1 Ei · Butter und Mehl für die Form

Für den Teig:

100 g Zartbitterschokolade · 1 EL Butter · 250 ml leichter Ahornsirup · 170 g brauner Zucker · 4 Eier · 1 Prise Salz
1 TL Zimtpulver · 2 EL Rum · 1 TL Erdnußbutter
1 Vanilleschote · 200 g Pekannüsse

Aus Mehl, Butter, Salz und Ei rasch einen Mürbeteig herstellen. Diesen 2 mm dünn auswallen. Eine Springform (ca. 24 cm Ø) mit Butter ausstreichen und mit Mehl ausstäuben. Den Teig in die Form legen, gut andrücken und den Boden mehrmals mit einer Gabel einstechen. Für mindestens 1 Stunde kühl stellen.

Den Ofen auf 180 °C vorheizen. Die Schokolade grob hacken und zusammen mit der Butter in eine Schüssel geben. Im heißen Wasserbad schmelzen. Den Ahornsirup und den Zucker in eine kleine Pfanne geben, aufkochen und erkalten lassen.

Die Eier in eine Schüssel aufschlagen, Salz, Zimt, Rum sowie Erdnußbutter beigeben und das Ganze schaumig rühren. Die Vanilleschote längs aufschneiden, das Mark herauskratzen und unter die Masse mengen. Nach und nach den den Sirup und die Pekannüsse daruntermischen.

Die Masse in die Kuchenform füllen und den Kuchen im Ofen 50 bis 60 Minuten backen. Nach Belieben zusammen mit einer Vanillesauce servieren.

"SANTA'S TREAT JOB WELL DONE" James RIZZI 1997

Schokoladenparfait mit Minzsauce

Chocolate Icecream with Menth

Für das Schokoladenparfait:

2 Blatt weiße Gelatine · 150 g Sahne · 150 g Zartbitterschokolade, grob gehackt · 200 ml Milch · 3 Eigelb
60 g Zucker · 2 EL Zartbitterschokolade, gehackt

Für die Minzsauce:

200 g Sahne · 100 ml Milch · Blätter von 1 Bund Pfefferminze · 4 Eigelb · 50 g Zucker · 2 EL Pfefferminzlikör

Zum Garnieren:

4 EL Schokoladenspäne · Pfefferminzblättchen

Die Gelatine einweichen. Die Sahne steif schlagen. Die Schokolade zusammen mit 1 Eßlöffel Wasser im heißen Wasserbad schmelzen. Die Milch zum Kochen bringen. Die Eigelbe und den Zucker schaumig schlagen und die Milch einrühren. Bei milder Hitze weiterrühren, bis die Creme bindet.

Die Gelatine ausdrücken und in der heißen Creme auflösen. Danach die flüssige Schokolade einrühren und die Masse abkühlen lassen. Zuletzt die geschlagene Sahne und die gehackte Schokolade unterheben. Die Masse in Timbale-Förmchen füllen und im Tiefkühlgerät gefrieren lassen.

Für die Minzsauce die Sahne mit der Milch aufkochen, die Pfefferminzblätter hineingeben. Das Ganze etwa 10 Minuten ziehen lassen und durch ein Sieb abgießen.

Die Eigelbe und den Zucker cremig rühren. Die heiße Milch unter Rühren zugießen. Bei milder Hitze weiterrühren, bis die Creme bindet. Zuletzt den Pfefferminzlikör zufügen und die Sauce kaltrühren.

Mit einem kleinen, in heißes Wasser getauchten Messer das Parfait jeweils aus den Förmchen lösen und auf Dessertteller stürzen. Mit der Pfefferminzsauce umgießen. Mit Schokoladenspänen und einigen Pfefferminzblättchen garnieren.

Gebackene Reisküchlein mit Orangen

Fried Rice Cakes

Für die Reisküchlein:

80 g Milchreis (Vialone) · Salz · 7 g Trockenhefe (1 Tüte)
100 ml lauwarme Milch · 120 g Mehl · 4 EL Zucker
1 TL Zimtpulver · 1 Msp. Muskatnuß, frisch gerieben
3 Eier, verquirlt · 300 ml Öl

Für die Orangen:

8 Orangen · 100 ml Orangensaft · 100 g Gelierzucker
Puderzucker zum Bestäuben

Den Reis in gesalzenem Wasser garen, das Kochwasser abgießen und den Reis in eine Schüssel geben. Die Hefe in der lauwarmen Milch auflösen, zum Reis geben und und das Ganze 2 Stunden gehen lassen.

Mehl, Salz, Zucker, Zimtpulver, Muskatnuß und die verquirlten Eier unter die Reismasse mischen. Mit einem Kochlöffel gut durcharbeiten, bis die Masse fast wie ein Püree ist. 20 Minuten gehen lassen, dann aus der Masse kleine Knödel formen und diese portionsweise im heißen Öl goldgelb ausbacken. Auf Küchenkrepp abtropfen lassen.

Die Orangen schälen, die Fruchtfilets auslösen und in eine Pfanne geben. Den Orangensaft dazugießen, das Ganze aufkochen und den Gelierzucker einrühren. Etwa 2 Minuten köcheln und dann erkalten lassen.

Die Küchlein zusammen mit den Orangen auf Desserttellern anrichten und jede Portion mit Puderzucker überstäuben.

Weisser Schokoladen-Käse-Kuchen

White Chocolate Cheesecake

250 g Amaretti Kekse · 120 g Butter

Für die Füllung:

380 g weiße Schokolade · 250 g Crème double

750 g Frischkäse · 1 Vanillesschote · 4 EL Puderzucker

Ausserdem:

50 g weiße Schokolade · 50 g Vollmilchschokolade

Den Ofen auf 180 °C vorheizen. Die Amaretti Kekse im Mixer fein zerbröseln und in eine Schüssel geben. Die Butter schmelzen, etwas erkalten lassen und langsam unter die Biskuitbrösel rühren.

Die Brösel in eine Springform (24 cm Ø) geben und mit einem kleinen Löffel gleichmäßig verteilen. Gut andrücken. Einen etwa 2,5 cm hohen Rand andrücken. Den Boden im Ofen etwa 12 Minuten backen. Dann aus dem Ofen nehmen und erkalten lassen.

Für die Füllung die weiße Schokolade fein hacken und zusammen mit der Crème double in eine Schüssel geben. Im heißen Wasserbad schmelzen. Dann die Masse auf Raumtemperatur abkühlen lassen.

Die Vanilleschote längs aufschneiden, das Mark herauskratzen und zusammen mit dem Frischkäse und dem Puderzucker in einer Schüssel schaumig rühren. Nach und nach unter die Schokoladenmasse mengen und anschließend das Ganze in die Springform füllen.

Die Oberfläche glattstreichen und den Kuchen zugedeckt mindestens 6 Stunden im Kühlschrank ruhen lassen.

Den Ring der Springform entfernen. Die weiße Schokolade und die Vollmilchschokolade zu Spänen hobeln und kurz vor dem Servieren über den Käsekuchen streuen.

Ananas-Tiramisu

Pineapple-Tiramisu

Für 6 Portionen

3 Eier · 90 g Zucker · Salz · 2 EL Orangenlikör · 70 g Mehl
4 EL Speisestärke

Für die Creme:

5 Blatt weiße Gelatine · 380 g Sahne · 4 Eigelb
80 g Zucker · 4 EL Orangenlikör · 1 EL abgeriebene Schale
einer unbehandelten Limone · 2 EL Limonensaft

Außerdem:

1 reife Ananas (ca. 1 kg) · 120 g Zucker · 130 ml Orangenlikör · 4 EL Pistazienkerne, gehackt

Den Ofen auf 175 °C vorheizen. Die Eier trennen. Eigelbe, 60 g Zucker, etwas Salz und Likör schaumig schlagen. Eiweiße zusammen mit restlichem Zucker steif schlagen. Eischnee auf die Eigelbmasse geben, Mehl und Speisestärke darübersieben, alles vorsichtig mischen. Den Teig in eine mit Backpapier ausgelegte Springform füllen, glattstreichen und etwa 20 Minuten backen. In der Form stürzen und abkühlen lassen. Einen 1 cm dicken Deckel abschneiden.

Gelatine einweichen. 250 g Sahne aufkochen. Eigelbe und Zucker schaumig rühren. Zur Sahne geben. Alles erhitzen, Likör, Limonenschale und -saft unterrühren. Die Gelatine ausdrücken und in der Creme auflösen. Diese 1 Stunde kühl stellen. Restliche Sahne steif schlagen und unterheben.

Die Ananas schälen. Drei Viertel der Frucht in dünne Scheiben schneiden, restliches Fruchtfleisch pürieren, den Saft durchseihen. Den Zucker goldbraun karamelisieren, mit Ananassaft und Orangenlikör ablöschen. 5 bis 7 Minuten köcheln lassen. Den Biskuit mit der Hälfte der Karamelsauce tränken, dann abwechselnd Likörcreme und Ananasscheiben daraufschichten. Die Ananas dabei mit Karamelsauce überziehen. Das Tiramisu für 2 Stunden kühl stellen, vor dem Servieren mit Pistazien bestreuen.

Äpfel in Karamel mit Walnusseis

Apples in Caramel

Für 6 Portionen

200 g Puderzucker · 130 ml Apfelsaft · 5 EL Sahne
1 kg Äpfel (z. B. Cox Orange) · 50 ml Rotwein
50 ml Wasser · 150 g Preiselbeeren · 100 g Zucker
200 g Walnußeis · 50 g Walnüsse, gehackt

Den Puderzucker in einem großen Topf schmelzen. Sobald der Zucker am Rand flüssig wird, umrühren und das Ganze goldbraun karamelisieren lassen. Der Karamel sollte leicht aufschäumen. Den Apfelsaft und die Sahne dazugießen, den Karamel unter Rühren darin auflösen. Den Karamel bei milder Hitze cremig einkochen lassen.

Die Äpfel schälen, vierteln, vom Kerngehäuse befreien und in Spalten schneiden. Die Spalten in den Karamel geben und ohne Hitzezufuhr 5 bis 8 Minuten darin ziehen lassen.

Dabei vorsichtig wenden, damit die Äpfel nicht zerfallen. Kalt werden lassen, den Karamel in einen anderen Topf umfüllen und sirupartig einkochen lassen. Die Apfelspalten auf Dessertteller legen und jeweils mit etwas Karamel übergießen.

Den Rotwein, das Wasser, die Preiselbeeren und den Zucker in einem Topf einmal aufkochen lassen, die Beeren sollen dabei etwas zerfallen. Erkalten lassen.

Die Beerensauce auf den Apfelspalten verteilen. Zum Schluß jede Portion mit 1 Kugel Walnußeis versehen, die Kugeln mit dem restlichen Karamel beträufeln. Alles mit Walnüssen bestreuen.

Panettone

Little Italy's Panettone

700 g Mehl · 50 g frische Hefe · 250 ml lauwarme Milch
220 g zerlassene Butter · 150 g Zucker · 1 TL Salz
abgeriebene Schale von 1 unbehandelten Zitrone
1 Msp. Muskatnuß, frisch gerieben · 1 Msp. Zimtpulver
6 Eigelb · 80 g Orangeat · 80 g Zitronat · 150 g Rosinen
80 g Mandeln, geschält und gehackt · Butter zum Einfetten

Das Mehl in eine Schüssel sieben, in die Mitte eine Vertiefung drücken, die Hefe hineinbröckeln und mit der lauwarmen Milch auflösen. Diesen Vorteig mit Mehl bestäuben und an einem warmen Ort zugedeckt etwa 20 Minuten gehen lassen.

Butter, Zucker, Salz, Zitronenschale, Gewürze und Eigelbe in einer anderen Schüssel schaumig rühren, zum Vorteig geben und das Ganze zu einem glatten, lockeren Hefeteig schlagen, der Blasen wirft. Zugedeckt nochmals etwa 20 Minuten gehen lassen. Orangeat und Zitronat in kleine Würfelchen schneiden und mit den Rosinen und Mandeln mischen. Die Mischung unter den Hefeteig kneten. Diesen mit einem feuchten Tuch zugedeckt an einem warmen Ort 20 Minuten gehen lassen.

Den Ofen auf 200 °C vorheizen. Ein Backblech mit Pergamentpapier auslegen und einen Backring daraufstellen. Den Rand mit einem leicht gefetteten Pergamentpapier auslegen und den Teig einfüllen. Nochmals 25 Minuten gehen lassen, dann etwa 1 Stunde und 30 Minuten backen. Mit einem Holzstäbchen kontrollieren, ob der Kuchen auch wirklich gar ist.

Tip:

Sollten Sie keinen Backring in der passenden Form besitzen, so können Sie den Panettone auch in einer Springform backen, sogar die Verwendung eines Kochtopfes mit den richtigen Maßen ist möglich.

Schokoladengugelhupf mit Whiskyschaum

Chocolate Gugelhupf with Whisky

Für den Gugelhupf:

420 g Mehl · 40 g frische Hefe · 130 g Zucker
100 ml lauwarme Milch · 250 g weiche Butter · 1 Prise
Salz · 5 Eier · 50 g Rosinen · 60 g Zartbitterschokolade, grob gehackt · 60 g weiße Schokolade, grob gehackt
Butter und Mehl für die Form

Für den Whiskyschaum:

150 ml Milch · 150 g Sahne · 80 g Zucker · 3 Eigelb
6 EL Whisky "Jack Daniels"

Das Mehl in eine Schüssel sieben, eine Vertiefung hineindrücken und die zerbröckelte Hefe sowie 1 Teelöffel Zucker zufügen. Die lauwarme Milch zugießen, mit der Hefe, dem Zucker und etwas Mehl verrühren. Zugedeckt an einem warmen Ort 10 Minuten gehen lassen.

Inzwischen die Butter zusammen mit dem restlichen Zucker und dem Salz cremig rühren. Die Eier nacheinander einarbeiten und die Masse mit einem Schneebesen luftig aufschlagen. Anschließend die Buttermischung zum Vorteig geben, alles zu einem weichen Teig verarbeiten und nach und nach die Rosinen und die Schokolade unterheben. Zugedeckt gehen lassen, bis der Teig sein Volumen verdoppelt hat.

Den Teig in eine ausgefettete, mit Mehl bestäubte Gugelhupfform (18 cm Ø) füllen und nochmals 30 Minuten gehen lassen. Den Ofen auf 180 °C vorheizen, den Gugelhupf etwa 50 Minuten backen. In der Form abkühlen lassen, danach stürzen.

Für den Whiskyschaum die Milch und die Sahne aufkochen. Den Zucker zusammen mit den Eigelben schaumig rühren. Die heiße Milch-Sahne-Mischung langsam einrühren. Den Whisky zugießen und die Creme bei milder Hitze weiterrühren, bis sie bindet. Über Eiswürfeln kaltrühren. Zum Gugelhupf servieren.

"MILK AND COOKIES FOR SANTA" RIZZI 97

Christmas Cookies & Brownies

»Der schwarze Herd, der mit Kleinholz und Kohle gefüttert wird, glüht wie eine ausgehöhlte Kürbislaterne. Schneebesen schwirren, Löffel mahlen in Schüsseln voll Butter und Zucker, Vanille durchduftet die Luft, Ingwer würzt sie; schmelzende, die Nase kitzelnde Gerüche durchtränken die Küche, überschwemmen das ganze Haus und schweben mit den Rauchwölkchen durch den Kamin in die Welt hinaus. In vier Tagen haben wir die Arbeit geschafft. Einunddreißig Kuchen, mit Whisky befeuchtet, lagern warm auf Fensterbrettern und Regalen«.

TRUMAN CAPOTE, »EINE WEIHNACHTSERINNERUNG«

Zimt-Nuss-Kekse

Cinnamon-Nuts-Cookies

Für etwa 30 Stück

140 g weiche Butter · 180 g Zucker · 1 Prise Salz
1 Ei, verquirlt · 1 1/2 TL Zimtpulver · 1 Prise Muskatnuß, frisch gerieben · 160 g Mehl · 1 TL Backpulver
60 g Walnüsse, fein gehackt · 60 g Haselnüsse, gemahlen
Mehl für das Blech

Die Butter zusammen mit dem Zucker und dem Salz schaumig rühren. Das verquirlte Ei, Zimtpulver und Muskatnuß unterrühren. Das Mehl mit dem Backpulver und den Nüssen vermengen. Zur Buttermischung geben und das Ganze zu einem glatten, weichen Teig kneten. Den Teig mindestens 2 Stunden im Kühlschrank ruhen lassen.

Den Ofen auf 180 °C vorheizen. Ein Backblech mit Mehl bestäuben. Aus dem Teig kleine, walnußgroße Kugeln formen und diese mit ausreichendem Abstand zueinander auf das Blech setzen.

Die Kekse auf der mittleren Einschubleiste im Backofen 7 bis 8 Minuten backen. Sie sollten innen noch zartweich und schmelzend sein.

Aprikosen-Ingwer-Kekse

Apricot-Ginger-Cookies

Für etwa 40 Stück

350 g Mehl · 2 TL Ingwerpulver · 1 1/2 TL Backpulver
1 Prise Salz · 80 g weiche Butter · 150 g Zucker
3 EL Honig · 1 Ei, verquirlt · 100 g getrocknete Aprikosen
120 g Vollmilchschokolade, gehackt · 100 g Zartbitterschokolade, gehackt

Den Ofen auf 170 °C vorheizen. Ein Backblech mit Backpapier belegen.

In einer Schüssel Mehl, Ingwer, Backpulver und Salz vermengen. In einer zweiten Schüssel die Butter mit dem Zucker schaumig rühren. Den Honig und das Ei dazurühren.

Die Aprikosen fein hacken oder in kleinste Würfelchen schneiden und zusammen mit der Schokolade und dem Mehl zur Buttermischung geben. Das Ganze zu einem glatten Teig verarbeiten.

Aus dem Teig walnußgroße Kugeln formen und diese auf das Blech setzen. Die Kekse auf der mittleren Einschubleiste im Ofen 10 bis 12 Minuten backen.

ERDNUSSBUTTERKEKSE

Peanutbutter Cookies

FÜR ETWA 50 STÜCK

300 g Mehl · 1 Prise Salz · 1 TL Backpulver
2 Vanilleschoten · 200 g weiche Butter · 75 g weiche Erdnußbutter · 175 g Rohrzucker · 1 Ei, verquirlt
250 g Schokoladentropfen · 150 g geröstete Erdnüsse, leicht gesalzen, grob gehackt · 150 g Walnüsse, grob gehackt · 50 g Krokant, streufähig

Mehl, Salz und Backpulver in eine Schüssel sieben. Die Vanillesschoten längs aufschneiden und das Mark mit einem Teelöffel herauskratzen.

Butter, Erdnussbutter und Vanillemark in einer Rührschüssel mit den Quirlhaken eines Handrührgeräts schaumig schlagen. Den Zucker beigeben und weiter schlagen. Zum Schluß das Ei nach und nach unterarbeiten.

Den Ofen auf 170 °C vorheizen. Die Mehlmischung zur Buttermasse geben und gründlich unterrühren. 175 g Schokotropfen, Erdnüsse und Walnüsse mit einem Holzlöffel gleichmäßig unter den Teig rühren.

Ein Backblech mit Backpapier belegen. Mit Hilfe eines Ausstechrings (ca. 4,5 cm Ø) etwa 1 cm hohe, glatte Teighäufchen auf das Blech setzen, dabei jeweils 5 cm Abstand halten. Die restlichen Schokotropfen und den Krokant darüberstreuen.

Die Kekse im Backofen auf mittlerer Einschubleiste 12 bis 14 Minuten backen. Nach dem Backen auf dem Blech kurz abkühlen lassen, dann abnehmen und auf dem Kuchengitter vollständig auskühlen lassen.

SCHOKOLADENKEKSE MIT ROSINEN UND HAWAIINÜSSEN

Chocolate Raisin Macadamia Cookies

FÜR ETWA 30 STÜCK

140 g weiche Butter · 100 g Zucker · 1 Prise Salz
1 Vanilleschote · 1 Prise Zimtpulver · 100 g Vollmilchschokolade, grob gehackt · 180 g Mehl · 1 TL Backpulver
80 g Macadamianüsse, grob gehackt · 1 Ei, verquirlt
80 g Rosinen

Die Butter zusammen mit dem Zucker und dem Salz schaumig rühren. Die Vanilleschote längs aufschneiden, das Mark herauskratzen und zusammen mit dem Zimtpulver und der Schokolade unter die Buttermischung mengen.

Das Mehl und das Backpulver gut vermengen und zusammen mit den Macadamianüssen, dem Ei sowie den Rosinen zur Buttermischung geben. Das Ganze zu einem glatten, weichen Teig kneten. Diesen für mindestens 2 Stunden in den Kühlschrank stellen.

Den Ofen auf 180 °C vorheizen. Ein Backblech mit Backpapier belegen. Aus dem Teig kleine, walnußgroße Kugeln formen und diese auf das Blech setzen. Die Kekse im Ofen auf der mittleren Einschubleiste 7 bis 8 Minuten backen.

Jüdisches Weihnachtsgebäck

Chocolate & Cinnamon Rugelach

Für den Teig:

280 g weiche Butter · 240 g Frischkäse · 1 Msp. Salz
320 g Mehl

Für die Füllung:

220 g Zartbitterschokolade · 180 g Zucker · 1 EL Zimtpulver · 80 g flüssige Butter · 220 g Rosinen

Für die Glasur:

1 Eiweiß · 1 TL Wasser

Außerdem:

Mehl für das Blech · 50 g Puderzucker · 1 TL Zimtpulver

Für den Teig die Butter und den Frischkäse cremig rühren, das Salz und das Mehl beigeben und das Ganze zu einem glatten Teig verkneten. 12 Stunden im Kühlschrank ruhen lassen.

Für die Füllung die Schokolade grob hacken und mit dem Zucker und dem Zimtpulver vermischen. Den Teig 2 mm dünn auswallen und in Dreiecke mit 8 bis10 cm Seitenlänge schneiden. Die Teigflächen mit flüssiger Butter bestreichen, mit der Schokoladen-Zucker-Zimt-Mischung und mit Rosinen bestreuen.

Den Ofen auf 180 °C vorheizen. Ein Backblech mit Mehl bestäuben. Die Teigdreiecke zu Croissants (Rugelach) aufrollen und leicht krümmen. Die Rugelach auf das Backblech legen.

Für die Glasur das Eiweiß mit dem Wasser verrühren und die Rugelach damit bestreichen. Den Zucker und das Zimtpulver vermengen und darüber streuen. Die Rugelach im Ofen in 12 bis 15 Minuten goldbraun backen.

Schokoladen-Minz-Brownies

Chocolate-Menth-Brownies

Für die Brownies:

130 g Zartbitterschokolade · 120 g Butter · 2 Vanilleschoten · 300 g Zucker · 3 Tropfen Pfefferminzessenz (jap. Minzöl, in Apotheken erhältlich) · 1 Msp. Salz
3 Eier, verquirlt · 130 g Mehl · Butter für die Folie

Für die Glasur:

1 EL Milch · 1 TL Pfefferminzessenz · 120 g Puderzucker

Den Ofen auf 170 °C vorheizen. Die Schokolade in Stücke brechen, zusammen mit der Butter in eine Schüssel geben und im heißen Wasserbad schmelzen.

Die Vanilleschoten längs aufschneiden, das Mark herauskratzen und zusammen mit dem Zucker, der Minzessenz und dem Salz in eine Schüssel geben. Gut vermengen. Die Mischung zur Schokolade geben und unterziehen. Nach und nach die verquirlten Eier daruntermengen. Das Mehl dazusieben und das Ganze zu einem glatten Teig verarbeiten.

Ein rechteckiges, hochrandiges Backblech mit Alufolie auslegen und diese mit Butter bestreichen. Die Browniemasse darauf geben und glattstreichen. Im Ofen 35 bis 40 Minuten backen. Anschließend herausnehmen und erkalten lassen. Aus dem Blech stürzen und die Folie entfernen.

Für die Glasur die Milch mit der Essenz und dem Zucker verrühren und die gesamte Fläche der Brownies damit bestreichen. Die Glasur fest werden lassen, dann die Teigfläche in rechteckige oder quadratische Stücke schneiden.

F·A·O SCHWARZ
FAO

ORANGEN-MOHN-PLÄTZCHEN

Orange-Poppyseed Cookies

FÜR ETWA 50 STÜCK:

125 g weiche Butter · 80 g Puderzucker · 5 Eigelb
ausgekratztes Mark von 2 Vanilleschoten · abgeriebene
Schale von 1 unbehandelten Orange · 275 g Mehl
1/2 TL Backpulver · 50 ml Rotwein · 100 g Mohnsamen,
gemahlen · 50 g Aprikosenkonfitüre · 1 TL Zimtpulver
100 g Mandeln, gemahlen · 40 g Orangeat, fein gehackt
50 g Mandeln, gehobelt

Butter, Puderzucker und 2 Eigelbe in einer Schüssel mit den Quirlhaken eines Handrührgeräts in 5 bis 7 Minuten schaumig rühren. Vanillemark und Orangenschale untermischen. Mehl und Backpulver dazusieben. Alles mit den Händen zu einem glatten Teig verkneten, diesen zur Kugel formen und in Klarsichtfolie gewickelt für mindestens 2 Stunden kühl stellen.

Den Rotwein erhitzen und den Mohn darin einweichen. Aprikosenkonfitüre, Zimt, gemahlene Mandeln, Orangeat sowie 1 Eigelb hinzufügen und alles verrühren.

Den Teig zwischen 2 Bögen Backpapier oder Klarsichtfolie 1/2 cm dick ausrollen. Das obere Papier entfernen. Aus dem Teig mit einem gezackten, runden Ausstecher (ca. 5 cm Ø) dicht an dicht Kreise ausstechen und diese mit etwas Abstand zueinander auf mit Backpapier belegte Bleche setzen.

Den Ofen auf 190 °C vorheizen. Das restliche Eigelb verquirlen und die Plätzchen damit bestreichen. Auf die Plätzchenmitte jeweils einige gehobelte Mandeln streuen, nochmals vorsichtig mit Eigelb bepinseln. Aus der Mohnmasse 50 kleine, glatte Kugeln (ca. 2 cm Ø) formen und diese jeweils auf die Mandelblättchen setzen. Die Plätzchen auf der mittleren Einschubleiste im Ofen in etwa 8 Minuten goldbraun backen. Auf Kuchengitter plazieren und auskühlen lassen.

ORIENTALISCHES GEBÄCK

Christmas Baklavá

FÜR ETWA 24 STÜCK

Butter für die Form

FÜR DEN TEIG:

500 g Mehl · 2 EL Öl · 1 Prise Salz · 1 Ei
knapp 1/4 l lauwarmes Wasser

FÜR DIE FÜLLUNG:

100 g Walnußkerne · 100 g Mandeln, geschält
50 g Pinienkerne · 50 g Pistazien, geschält · 100 g Zucker
1 TL Zimtpulver · 1/2 TL Lebkuchengewürz

FÜR DEN SIRUP:

knapp 1/4 l Wasser · 350 g Zucker · abgeriebene Schale
von 1/2 Zitrone · 1 Zimtstange · Saft von 1/2 Zitrone

AUSSERDEM:

250 g Butter zum Bestreichen · Pistazien zum Garnieren

Eine rechteckige Auflaufform mit Butter ausstreichen. Mehl, Öl, Salz, Ei sowie Wasser vermischen und zu einem geschmeidigen Teig verarbeiten. Mit leicht geölten Händen so lange durchkneten, bis er glatt und glänzend ist. Den Teig etwa 30 Minuten ruhen lassen.

Für die Füllung Walnußkerne, Mandeln, Pinienkerne und Pistazien grob hacken. Mit dem Zucker sowie den Gewürzen vermischen.

Den Teig halbieren und aus jeder Teighälfte etwa 16 Kugeln, also insgesamt etwa 32 Kugeln, formen. Jede Teigkugel auf einem bemehlten Backbrett in der Größe der Auflaufform hauchdünn ausrollen und auf ein ausgebreitetes, ganz leicht mit Mehl bestäubtes Tischtuch legen.

Den Ofen auf 200 °C vorheizen. Die Butter zerlassen. Eine Teigplatte in die Auflaufform geben, mit Butter bestreichen und die zweite Teigplatte darüberlegen. Wieder mit Butter bestreichen, eine dritte Teigplatte darübergeben und so fortfahren, bis 10 Teigplatten in der Form sind. Mit der

Hälfte der Nußmischung bestreuen und weitere 10, mit Butter bestrichene Teigplatten darübergeben. Die restliche Nußmischung auf die oberste Teigplatte streuen und die restlichen Teigplatten, jeweils mit Butter bestrichen, darüberschichten. Zum Abschluß etwa noch vorhandene Butter über den Kuchen gießen.

Die Oberfläche mit einem scharfen Messer in Form von Rhomben oder Vierecken einschneiden und den Kuchen im Ofen in 50 bis 60 Minuten goldbraun backen. Die Oberfläche eventuell mit Alufolie abdecken.

Für den Sirup Wasser, Zucker, Zitronenschale und Zimt zum Kochen bringen und 8 bis 10 Minuten kochen lassen. Den Zitronensaft beigeben und etwas abkühlen lassen. In zwei Portionen über den fertigen Kuchen gießen. Mit Pistazien garnieren. Baklavá sollte möglichst über Nacht stehen, bis sie ganz von Sirup durchtränkt ist.

LEBKUCHEN-BROWNIES

Allspice-Brownies

FÜR ETWA 40 STÜCK:

FÜR DIE BROWNIES:

70 g Zartbitterschokolade · 200 g weiche Butter
200 g Puderzucker · 2 Eier, verquirlt · 70 g Haselnüsse, gemahlen · 1 TL Backpulver · 1 Prise Salz · 2 EL brauner Rum · 1/2 TL Zimtpulver · 2 TL Lebkuchengewürz
250 g Mehl

FÜR DIE GLASUR:

200 g helle Kuchenglasur · 50 g getrocknete Aprikosen, fein gehackt · 4 EL Schokoladenspäne

Die Schokolade grob hacken, in eine Schüssel geben und im heißen Wasserbad schmelzen. Etwas abkühlen lassen.

Die Butter in eine große Schüssel geben, Puderzucker darübersieben, das Ganze mit einem Schneebesen schaumig rühren. Eier unterrühren. Flüssige Schokolade, Nüsse, Backpulver, Salz, Rum, Zimt und Lebkuchengewürz hinzufügen und die Masse glattrühren. Das Mehl dazusieben und alles zu einem glatten Teig verrühren.

Den Ofen auf 160 °C vorheizen. Ein Backblech mit einer Größe von 24 x 25 cm mit Backpapier auslegen und den Teig etwa 1,5 cm dick daraufstreichen. Dann im Backofen etwa 25 Minuten backen. Aus dem Ofen nehmen und abkühlen lassen. Mit einem runden Ausstecher (ca. 3, 5 cm Ø) Plätzchen ausstechen und diese auf ein Kuchengitter setzen.

Die Glasur erwärmen und die Brownies damit überziehen. Mit Aprikosenstückchen belegen. Mit Schokoladenspänen bestreuen, solange die Glasur noch feucht ist.

Schokoladen-Quitten-Ringe

Chocolate-Coing-Rings

Für etwa 40 Stück

300 g Mehl · 80 g Puderzucker · 1 Prise Salz
110 g Haselnüsse, gemahlen · 200 g Butter, in Würfel geschnitten · 160 g Quittengelee · 150 g dunkle Kuchenglasur · 150 g Zartbitterschokolade · 60 g Krokant, streufähig

Mehl, Zucker, Salz, Nüsse sowie Butter in eine Schüssel geben und mit den Händen zu einem Teig verkneten. Den Teig zu einer Kugel formen, in Klarsichtfolie wickeln und für 2 Stunden kühl stellen.

Den Ofen auf 180 °C vorheizen. Den Teig zwischen 2 Bögen Backpapier geben und 3 bis 4 mm dünn ausrollen. Das obere Backpapier entfernen, mit einem runden Ausstecher (ca. 4,5 cm Ø) Kreise ausstechen. Aus der Mitte der Kreise mit einem kleinen Ausstecher jeweils ein Loch ausstechen.

Die Teigringe mit etwas Abstand zueinander auf mit Backpapier belegte Backbleche setzen. Im Backofen 7 bis 8 Minuten backen. Dann herausnehmen und auf einem Kuchengitter auskühlen lassen.

Das Gelee erhitzen. Die glatte Seite eines Rings damit bepinseln, mit einem zweiten Ring zusammensetzen, so daß die rauhen Seiten außen sind.

Die Kuchenglasur und die Schokolade in eine Schüssel geben und im heißen Wasserbad schmelzen lassen. Mit einen Holzlöffel gut verrühren. Die Teigkreise zur Hälfte hineintauchen, die Glasur gut abtropfen lassen, die Ringe auf ein Kuchengitter setzen. Solange die Glasur noch feucht ist, die Ringe mit Krokant bestreuen.

Karamel-Apfel-Plätzchen

Caramel-Apple-Cookies

Für etwa 40 Stück

Für die Plätzchen:

220 g Mehl · 140 g Haferflocken · 1 Prise Salz
1 TL Backpulver · 1 Vanilleschote · 120 g weiche Butter
220 g brauner Zucker · 1 großes Ei · 2 EL Milch
250 g Äpfel · 160 g getrocknete Äpfel

Für die Glasur:

120 g Zucker · 4 EL Sahne · 3 EL Ahornsirup

Das Mehl zusammen mit den Haferflocken, Salz und Backpulver in eine Schüssel geben und darin gut vermengen. Die Vanilleschote längs aufschneiden, das Mark herauskratzen und zusammen mit Butter, Zucker, Ei sowie Milch in eine zweite Schüssel geben und darin schaumig rühren.

Den Ofen auf 180 °C vorheizen. Die Äpfel schälen, entkernen und in kleine Würfelchen schneiden. Die getrockneten Äpfel ebenfalls in Würfelchen schneiden. Zusammen mit den frischen Äpfeln zur Buttermasse geben. Nach und nach die Mehl-Haferflocken-Mischung hinzufügen und das Ganze zu einem glatten Teig kneten.

Aus dem Teig kleine, walnußgroße Kugeln formen und diese mit ausreichendem Abstand zueinander auf ein bemehltes Backblech legen. Im Ofen 10 bis 12 Minuten backen.

Für die Glasur den Zucker in einer Pfanne goldbraun karamelisieren lassen. Mit Sahne und Ahornsirup ablöschen. Die Masse gut verrühren, nochmals aufkochen und dann abkühlen lassen. Die Karamelmasse über die Plätzchen träufeln und diese vollständig abkühlen lassen.

BABY'S
First
TOYS

Anismakronen
Anis Macarons

Für etwa 45 Stück:

2 Eiweiß · 60 g Zucker · 1 Prise Salz · 1 TL abgeriebene Schale einer unbehandelten Zitrone · 1¼ TL Anis, gemahlen

Einen Spritzbeutel mit Sterntülle Grösse Nr. 8 in den Kühlschrank legen (der Spritzbeutel muß kalt sein, damit sich die Eiweiß-Zucker-Masse beim Verarbeiten nicht trennt). Ein Backblech mit Backpapier auslegen.

Den Backofen auf 100 °C vorheizen. Die Eiweiße mit den Quirlhaken eines Handrührgeräts leicht schlagen. Den Zucker langsam dazurieseln, 1 Prise Salz beigeben und weiterschlagen, bis der Eischnee eine cremig-schnittfeste Konsistenz hat. Zitronenschale und Anis unterrühren.

Die Masse in den Spritzbeutel füllen und mit ausreichendem Abstand zueinander Häufchen auf das Backpapier spritzen. Die Makronen im Ofen in etwa 2 Stunden und 30 Minuten trocknen lassen. Dabei die Backofentüre leicht geöffnet lassen (Holzkochlöffel dazwischen klemmen).

Tip:
Für Makronen sollte das Eiweiß sehr frisch sein, damit der Schnee schön fest wird. Achten Sie also darauf, daß Sie möglichst frische Eier verwenden. Das gilt natürlich auch für andere Speisen, vor allem für Cremes, die nicht erhitzt werden.

Limonenkekse
Lemon Cookies

Für etwa 30 Stück

140 g weiche Butter · 185 g Zucker · 1 Prise Salz
1 Vanilleschote · 1 Ei · 2 TL Limonensaft, frisch gepreßt
2½ TL abgeriebene Schale einer unbehandelten Limone
2 Prisen Muskatnuß, frisch gerieben · 165 g Mehl
1 TL Backpulver · 100 g Rosinen

Die Butter zusammen mit dem Zucker und dem Salz schaumig rühren. Die Vanilleschote längs aufschneiden, das Mark herauskratzen und zusammen mit Ei, Limonensaft und -schale sowie Muskatnuß zur Buttermischung geben. Das Ganze gründlich vermengen.

Das Mehl mit dem Backpulver vermischen und zusammen mit den Rosinen unter die Buttermasse kneten. Das Ganze mit den Händen zu einem geschmeidigen, weichen Teig formen. Diesen für mindestens 2 Stunden im Kühlschrank ruhen lassen.

Den Ofen auf 180 °C vorheizen. Aus dem Teig kleine, walnußgroße Kugeln formen und diese mit ausreichendem Abstand zueinander auf ein bemehltes Backblech legen.

Die Plätzchen im Ofen 7 bis 8 Minuten backen. Sie sollten innen noch zartweich und schmelzend sein.

Ingwer-Kokos-Pralinen

Ginger-Cocos-Pralines

Für etwa 15 Stück

1 TL Sonnenblumenöl für die Form · 200 g Vollmilchschokolade · 50 g Kokosfett · 2 EL Kokosraspel
3 TL Ingwerkonfitüre · 2 TL Kokoslikör · 50 g Zartbitterschokolade, gehackt · 25 g kandierter Ingwer

Eine Eiswürfelschale aus Kunststoff (unterteilt in 15 bis 18 Rechtecke) mit Öl auspinseln. Die Vollmilchschokolade zusammen mit dem Kokosfett im warmen Wasserbad schmelzen und gut verrühren.

Für die Füllung die Kokosraspel in einer trockenen Pfanne hellbraun rösten und erkalten lassen. Die Ingwerkonfitüre und den Likör beigeben. Das Ganze gut vermengen.

Den Boden der Eiswürfelschale zur Hälfte mit Vollmilchschokolade füllen. Ein Viertel der Füllung daraufgeben, dann bis zum Rand mit Schokolade auffüllen. Die restliche Füllung auf der Oberfläche verteilen. Die Eiswürfelschale für 5 Stunden ins Gefriergerät stellen. Herausnehmen und einen Augenblick antauen lassen. Die Rechtecke vorsichtig herausdrücken und mit der Unterseite nach oben auf ein Brett legen.

Die Zartbitterschokolade in eine kleine Schüssel geben, im warmen Wasserbad auflösen und glattrühren. Die Schokolade in eine Spritztüte füllen. Die Oberfläche der Rechtecke mit Schokolade umspritzen. Den Ingwer in kleine Rechtecke schneiden und auf die Oberfläche der Pralinen drücken. Die Pralinen halten sich luftdicht verpackt im Kühlschrank 2 bis 3 Wochen.

Maronenpralinen

Chestnut Pralines

Für etwa 30 Stück:

50 g Amaretti (italienische Bittermandelmakronen)
1 unbehandelte Orange · 50 g weiche Butter
250 g Maronenpüree · 50 g Kakaopulver · 100 g Puderzucker · 3 EL Maraschino (italienischer Kirschlikör)
Kakaopulver zum Ausrollen · 250 g Zartbitterschokolade, gehackt · 4 EL Wasser · 1 EL kandierte Veilchen

Die Amaretti mit einem Messer nicht zu fein hacken. Die Schale der Orange fein abreiben. Die Butter und das Püree im Mixer kräftig verrühren.

Kakao und Puderzucker sieben und nach und nach unter die Maronenmasse mischen, bis sich alle Zutaten gut verbunden haben. Maraschino nach und nach dazugießen, Orangenschale sowie Amaretti dazugeben und alles gut vermengen. Die Masse für mindestens 3 Stunden kühl stellen.

Die Pralinenmasse halbieren. Eine Arbeitsfläche mit Kakao bestäuben und 2, etwa 30 cm lange Rollen formen. Die Rollen glattrollen und auf ein mit Alufolie belegtes Blech setzen. Im Kühlschrank 3 Stunden durchkühlen lassen. Dann in 2 cm lange Stücke schneiden. Die Stücke mit befeuchteten Händen zu Pralinen rollen.

Die Schokolade und das Wasser in eine Schüssel geben. Im heißen Wasserbad schmelzen. Die Pralinenkugeln einzeln auf eine Gabel spießen und in die Schokolade tauchen. Überschüssige Schokolade abtropfen lassen und die Pralinen wieder auf das mit Alufolie belegte Blech setzen. Mit kandierten Veilchen garnieren. Kühl aufbewahren und innerhalb von 1 Woche konsumieren.

Arabische Mandel-pastetchen

Arabian Almond Pastry

Für etwa 30 Stück

Für den Teig:

100 ml Sonnenblumenöl · 125 g Butter · 120 ml warmes Wasser · 1 TL Zucker · 500 g Mehl

Für die Füllung:

250 g Mandeln, gerieben · 250 g Zucker · 3 EL Orangenblütenwasser (in Apotheken erhältlich)

Außerdem:

Mehl zum Ausrollen · 1 Ei zum Bestreichen

Den Backofen auf 180 °C vorheizen. Ein Backblech mit Backpapier auslegen. Für den Teig Öl und Butter zusammen in einer Schüssel über kochendem Wasser erhitzen, bis die Butter geschmolzen ist. Mit dem warmen Wasser und dem Zucker vermischen und dann in eine große Schüssel geben.

Das Mehl langsam unter Rühren hinzufügen, bis ein weicher Teig entstanden ist. Für die Füllung Mandeln mit Zucker und Orangenblütenwasser vermischen.

Den Teig auf einer bemehlten Arbeitsfläche dünn auswallen und mit einem runden Ausstecher (ca. 8 cm Ø) etwa 30 Kreise ausstechen. Je 1 Teelöffel Füllung in die Mitte jedes Kreises setzen, den Teig darüber halbmondförmig zusammenfalten und die Ränder fest zusammendrücken.

Das Ei verquirlen und die Oberseite der Halbmonde damit bestreichen. Die Pastetchen auf das Backblech legen und im Ofen in etwa 30 Minuten goldgelb backen. Dann herausnehmen und auf einem Kuchengitter abkühlen lassen.

New Yorker Sternkekse

New York Star Cookies

Für etwa 25 Stück

Für den Teig:

300 g Mehl · 200 g Butter · abgeriebene Schale von 1/2 unbehandelten Zitrone · 100 g Zucker · 90 g Mandeln, gemahlen · 1 Msp. Nelkenpulver · 1 Msp. Zimtpulver 1 Msp. Kardamompulver

Außerdem:

100 g Puderzucker zum Bestäuben

100 g Aprikosenkonfitüre zum Bestreichen

Ein Backblech mit Backpapier auslegen. Das Mehl in eine Schüssel sieben und dann auf ein Backbrett schütten. Die Butter in Flöckchen schneiden und dazugeben. Zitronenschale, Zucker, Mandeln und Gewürze zum Mehl geben.

Das Ganze mit beiden Händen rasch verreiben (oder mit einer Palette durchhacken) und dann zu einem glatten Teig verkneten. Den Teig zur Kugel formen, in Klarsichtfolie wickeln und für 30 Minuten kühl stellen.

Den Ofen auf 190 °C vorheizen. Den Teig auf einem bemehlten Backbrett messerrückendick ausrollen und mit einer Form Sterne ausstechen. Bei der Hälfte der Sterne nochmals in der Mitte ein kleines rundes Plätzchen ausstechen, so daß ein Loch entsteht.

Die Plätzchen auf das Backblech geben und auf der mittleren Einschubleiste im Ofen in 10 bis 15 Minuten goldgelb backen.

Die Sternchen mit der ausgestochenen Mitte mit Puderzucker bestäuben, die übrigen in der Mitte mit Konfitüre bestreichen. Die mit Puderzucker übersiebten Sterne so auf die mit Marmelade bestrichenen setzen, daß die Zacken der Sternchen versetzt aufeinanderliegen.

Gefüllte Mandelsterne

Almond Stars

Für etwa 100 Stück:

Für den Teig:

220 g Mehl · 100 g Puderzucker · 3 EL Mandeln, gemahlen

1 Prise Salz · 100 g weiche Butter · 1 Ei · 1 Eigelb

Mehl zum Ausrollen

Für die Füllung:

8 EL Milch · 2 EL Zitronensaft, frisch gepreßt

220 g Marzipanrohmasse · 1 Eiweiß · 1 Prise Salz

50 g Mandeln, gemahlen

Für die Glasur:

200 g helle Kuchenglasur · rote Lebensmittelfarbe

Das Mehl und den Puderzucker in eine Schüssel sieben. Mandeln, Salz, Butter, Ei und Eigelb hinzufügen. Das Ganze zu einem glatten Teig verarbeiten, in Folie wickeln und für mindestens 2 Stunden kühl stellen.

Den Teig auf einer bemehlten Arbeitsfläche etwa 3 mm dünn ausrollen. Mit einem Sternausstecher (ca. 6 cm Ø) Sterne ausstechen. Diese auf mit Backpapier belegte Backbleche setzen. Für 15 Minuten in den Kühlschrank stellen.

Den Ofen auf 170 °C vorheizen. Die Milch und den Zitronensaft in einem Topf erhitzen. Die Marzipanrohmasse hineinbröckeln und darin auflösen. Abkühlen lassen. Das Eiweiß zusammen mit 1 Prise Salz zu steifem Schnee schlagen und unter die Masse heben. Zuletzt die Mandeln unterrühren. Jeweils 1/2 Teelöffel Füllung in die Mitte der Teigsterne geben. Die Sterne im Ofen 12 bis 15 Minuten backen. Dann auf den Blechen abkühlen lassen.

Die Glasur in eine Schüssel geben und im heißen Wasserbad schmelzen. Mit etwas Lebensmittelfarbe hellrot einfärben. Die Oberseite der Plätzchen mit Hilfe einer Gabel bis zum Rand in die Glasur tauchen. Die Gabel jeweils am Gefäßrand leicht abstreifen. Die Plätzchen auf ein Kuchengitter setzen und an einem kühlen Ort trocken werden lassen.